# Unterwegs in Italien

# Unterwegs in
# Italien

Redewendungen • Vokabeln • Extratipps

GONDROM

Konzept und Producing: twinbooks, München
Text und Redaktion: twinbooks, München
(Gabi Lange, Dottoressa Nambou Mounikou-Silvestri, Katja Lohr)
Covergestaltung: Dietmar Stammel
Umschlagfoto: MEV, Augsburg



011

ISBN 3-8112-2585-5

5 4 3 2 1

www.gondrom-verlag.de

# Inhalt

## Allgemeine Informationen



## Reisewortschatz von A–Z



| Laut-zeichen | Anwendungs-beispiele |
|---|---|
| **Vokale** | |
| [a] | caldo |
| [aː] | casa |
| [e] | verde |
| [eː] | prego |
| [ɛ] | vecchio |
| [ɛː] | bene |
| [i] | lingua |
| [iː] | amico |
| [o] | ponte |
| [oː] | amore |
| [ɔ] | donna |
| [ɔː] | olio |
| [u] | fumare |
| [uː] | mura |
| **Konsonanten** | |
| [r] | rosso |
| [s] | signore |
| [z] | museo |
| [ʃ] | brioche |
| [v] | viaggio |
| [ŋ] | bianco |
| [ɲ] | bagno |
| [ʎ] | bottiglia |
| **Konsonantengruppen** | |
| [ts] | vacanza |
| [dz] | melanzana |
| [tʃ] | città |
| [dʒ] | giardino |

In diesem Reisesprachführer wird die Internationale Lautschrift verwendet.

# Begrüßen und Verabschieden

## Begrüßen

Hallo! **Ciao!** [ˈtʃaːɔ]

Guten Tag! **Buongiorno!** [buonˈdʒorno]

Guten Morgen! **Buongiorno!** [buonˈdʒorno]

Guten Abend! **Buonasera!** [buonaˈseːra]

Wir haben uns schon lange nicht mehr gesehen.
**È da tanto che non ci vediamo.**
[ɛ da ˈtanto ke non tʃi veˈdiaːmo]

Es ist bestimmt schon ... Jahre/Monate/Wochen her.
**Saranno di sicuro ... anni/mesi/settimane.**
[saˈranno di siˈkuːro ˈanni/ˈmeːsi/settiˈmaːne]

Herzlich willkommen! **Benvenuti!** [benveˈnuːti]

Schön, Sie/dich zu sehen!
**Che piacere vederla/vederti!**
[ke piaˈtʃeːre veˈdeːrla/veˈdeːrti]

## Verabschieden

Auf Wiedersehen! **Arrivederci!** [arriveˈdertʃi]

Tschüss! **Ciao!** [ˈtʃaːɔ]

Bis bald! **A presto!** [a ˈprɛsto]

Bis morgen! **A domani!** [a doˈmaːni]

Mach's/Macht's gut!
**Stammi/Statemi bene!** [ˈstammi/ˈstaːtɛmi ˈbɛːne]

**Gute Nacht! Buona notte!** [buonaˈnɔtte]

**Gute Reise! Buon viaggio!** [ˈbuɔn viˈaddʒo]

**Leb wohl! Addio!** [adˈdiːo]

**Es ist schon spät. Wir müssen gehen.**
**È già tardi. Dobbiamo andare.**
[ɛ dʒa ˈtardi dobˈbiaːmo anˈdaːre]

**Ich wünsche euch einen schönen Tag/Abend!**
**Vi auguro una bella giornata/serata!**
[vi ˈaːuguro ˈuːna ˈbɛlla dʒorˈnaːta/seˈraːta]

# Allgemeine Redewendungen

## Sich vorstellen

**Ich heiße ... Mi chiamo ...** [mi ˈkiaːmo]

**Wie heißen Sie/heißt du?**
**Come si chiama/ti chiami?** [ˈkoːme si ˈkiaːma/ti ˈkiaːmi]

**Das ist meine Frau/mein Mann.**
**Questa è mia moglie/Questo è mio marito.**
[ˈkuesta ɛ ˈmiːa ˈmoːʎe/ˈkuesto ɛ ˈmiːo maˈriːto]

**Sind Sie Herr/Frau ...?**
**È Lei il signor/la signora ...?** [ɛ ˈlɛːi il siŋˈŋjor/la siŋˈŋjoːra]

**Darf ich Ihnen/euch Herrn ... vorstellen?**
**Posso presentarle/presentarvi il signor ...?**
[ˈpɔsso prezenˈtaːrle/prezenˈtaːrvi il siŋˈŋjor]

**Ich möchte dich mit ... bekannt machen.**
**Vorrei presentarti ...** [vorˈrɛi prezenˈtaːrti]

**Angenehm. Piacere.** [piaˈtʃeːre]

## Befinden

Wie geht es Ihnen/dir? **Come sta/stai?** [ˈkoːme sta/ˈstaːi]

Mir geht es gut. **Sto bene.** [sto ˈbɛːne]
... schlecht. **... male.** [ˈmaːle]
... so la la. **... così così.** [koˈsi koˈsi]

Es könnte besser gehen.
**Potrebbe andar meglio.** [poˈtrebbe anˈdar ˈmɛːʎo]

Das ist schön zu hören. **Mi fa piacere.** [mi fa piaˈtʃeːre]

Das tut mir Leid. **Mi dispiace.** [mi disˈpiatʃe]

## Fragen und Bitten

Wie viel Uhr ist es?
**Che ora è?/Che ore sono?** [ke ˈoːra ɛ/ke ˈoːre ˈsoːno]

Welchen Tag haben wir heute?
**Che giorno è oggi?** [ke ˈdʒorno ɛ ˈɔddʒi]

Wo ist die Touristeninformation?
**Dove è l' ufficio informazioni turistiche?**
[ˈdoːve ˈɛ lufˈfitʃo informatˈtsioːni tuˈristike]

Würden Sie bitte ein Foto von uns machen?
**Ci farebbe una foto, per favore?**
[tʃi faˈrebbe ˈuːna ˈfɔːto per faˈvoːre]

Können Sie mir bitte ein Taxi bestellen?
**Può chiamarmi un taxi, per favore?**
[ˈpuɔ kiaˈmarmi un ˈtaksi per faˈvoːre]

Bitte fahren Sie mich in die ...-Straße.
**Per favore, mi porti in via ...**
[per faˈvoːre mi ˈpɔrti in ˈviːa]

Das freut mich sehr.
**Mi fa molto piacere.** [mi fa ˈmolto piaˈtʃeːre]

Können Sie/kannst du mir helfen?
**Può/puoi aiutarmi?** [ˈpuɔ/ˈpuɔːi aiuˈtaːrmi]

Kann ich Ihnen/dir helfen?
**Posso aiutarla/aiutarti?** [ˈpɔsso aiuˈtaːrla/aiuˈtaːrti]

Vielen Dank, das ist sehr nett von Ihnen/dir.
**Grazie mille, è molto gentile da parte Sua/tua.**
[ˈgrattsie ˈmılle ɛ ˈmolto dʒenˈtiːle da ˈparte ˈsuːa/ˈtuːa]

Ich möchte mich für Ihre/deine Mühe bedanken.
**Vorrei ringraziarla/ringraziarti per il Suo/tuo aiuto.**
[vorˈrɛi riŋgratˈtsiaːrla/ringratˈtsiaːrti per il ˈsuːo/ˈtuːo aˈiuːto]

Gern geschehen. **Non c'è di che.** [non tʃɛ di ke]

Bitte. **Prego.** [ˈprɛːgo]

Danke. **Grazie.** [ˈgrattsie]

Natürlich, das ist kein Problem.
**Certo, non è un problema.**
[ˈtʃɛrto non ɛ un proˈblɛːma]

Das ist doch nicht nötig.
**Non è necessario.** [non ɛ netʃesˈsaːrio]

Das macht doch nichts.
**Non fa niente.** [non fa ˈniɛnte]

Keine Ursache. **Di nulla!** [di ˈnulla]

Das ist sehr freundlich von Ihnen/dir.
**È molto gentile da parte Sua/tua.**
[ɛ ˈmolto dʒenˈtiːle da ˈparte ˈsuːa/ˈtuːa]

## Alter

**Wie alt bist Du? Quanti anni hai?** [ˈkuanti ˈanni ai]

**Darf ich Sie nach Ihrem Alter fragen?**
**Le posso chiedere quanti anni ha?**
[le ˈpɔsso kiɛːˈdere ˈkuanti ˈanni a]

**Ich bin ... Jahre alt. Ho ... anni.** [ɔ ˈanni]

**Sie sehen aber viel jünger aus.**
**Non li dimostra affatto.** [non li diˈmoːstra afˈfatto]

**Das hätte ich nicht gedacht.**
**Non l'avrei mai detto.** [non lˈaˈvrɛːi ˈmaːi detto]

## Verständigung

**Wie spricht man dieses Wort aus?**
**Come si pronuncia questa parola?**
[ˈkoːme si proˈnuntʃa ˈkuesta paˈrɔːla]

**Was bedeutet das?**
**Cosa significa questo?** [ˈkɔːza siŋˈŋjiːfika ˈkuesto]

**Sprechen Sie/sprichst du Deutsch oder Englisch?**
**Parla/parli tedesco o inglese?**
[ˈparla/ˈparli teˈdesko o iŋˈgleːse]

**Wie bitte? Ich habe Sie/dich nicht verstanden.**
**Scusi? Non ho capito./Scusa? Non ho capito.**
[ˈskuːzi non ɔ kaˈpiːto/ˈskuːza non ɔ kaˈpiːto]

**Entschuldigen Sie bitte, ...**
**Mi scusi, per favore, ...** [mi ˈskuːzi per faˈvoːre]

**Können Sie das wiederholen?**
**Può ripetere?** [ˈpuɔ riˈpɛːtere]

Kannst du mich verstehen?
**Mi capisci?** [mi ka'piʃʃi]

Können Sie bitte etwas langsamer/lauter sprechen?
**Per favore, può parlare un po' più piano/forte?**
[per fa'voːre 'puɔ par'laːre un pɔ 'piu 'piaːno/'fɔrte]

Kannst du mir das buchstabieren?
**Puoi compitarmeo?** ['puɔːi kompi'taːrmeo]

Bitte schreiben Sie mir das auf.
**Me lo scriva, per favore.** [me lo 'skriːva per fa'voːre]

Ich spreche nur sehr wenig ...
**Parlo solo pochissimo ...** ['parlo 'soːlo po'kissimo]

## Glückwünsche

Herzlichen Glückwunsch!
**Auguri di cuore!** [au'guːri di 'kuɔːre]

Alles Gute (zum Geburtstag)!
**Tanti auguri di buon compleanno!**
['tanti au'guːri di 'buɔn komple'anno]

Viel Glück! **Buona fortuna!** ['buɔːna for'tuːna]

Viel Erfolg!
**In bocca al lupo!** [in 'bokka al 'luːpo]

Gute Besserung!
**Buona guarigione!** ['buɔːna guari'dʒoːne]

Frohe Weihnachten! **Buon Natale!** ['buɔn na'taːle]

Frohe Ostern! **Buona Pasqua!** ['buɔːna 'paskua]

Gutes neues Jahr!
**Felice Anno Nuovo!** [fe'liːtʃe 'anno 'nuɔːvo]

## Vokabeln

| | |
|---|---|
| alt | **vecchio** [ˈvɛkkio] |
| Alter | **età, l'** [eˈta] |
| begrüßen | **salutare** [saluˈtaːre] |
| bitte | **per favore/prego** (wenn man um etwas bittet/Antwort auf danke) [per faˈvoːre/ˈprɛːgo] |
| blau | **blu** [blu] |
| danke | **grazie** [ˈgrattsie] |
| Datum | **data, la** [ˈdaːta] |
| deutsch | **tedesco** [teˈdesko] |
| Frau | **donna, la/moglie, la** (weibliches Wesen/Ehefrau) [ˈdɔnna/ˈmoːʎe] |
| Freund | **amico, l'/ragazzo, il** (Freund allgemein/Partner) [aˈmiːko/raˈgattso] |
| Freundin | **amica, l'/ragazza, la** (Freundin allgemein/Partnerin) [aˈmiːka/raˈgattsa] |
| gelb | **giallo** [ˈdʒallo] |
| gestern | **ieri** [ˈjɛːri] |
| grau | **grigio** [ˈgriːdʒo] |
| groß | **grande** [ˈgrande] |
| grün | **verde** [ˈverde] |
| gut | **bene/buono** [ˈbɛːne/ˈbuɔːno] |
| Herr | **signore, il/signor** (bei Anrede) [siŋˈɲjoːre/siŋˈɲjoːr] |
| heute | **oggi, l'** [ˈɔddʒi] |
| ja | **sì** [si] |
| Jahr | **anno, l'** [ˈanno] |

| | |
|---|---|
| jetzt | **adesso/ora** [aˈdɛsso/ˈoːra] |
| kalt | **freddo** [ˈfreddo] |
| klein | **piccolo** [ˈpikkolo] |
| Mann | **uomo, l'** [ˈuɔːmo] |
| Monat | **mese, il** [ˈmeːse] |
| morgen | **domani** [doˈmaːni] |
| nein | **no** [no] |
| rot | **rosso** [ˈrosso] |
| schlecht | **male/cattivo** [ˈmaːle/katˈtiːvo] |
| schön | **bello** [ˈbɛllo] |
| schwarz | **nero** [ˈneːro] |
| Tag | **giorno, il** [ˈdʒorno] |
| übermorgen | **dopodomani** [dopodoˈmaːni] |
| Uhrzeit | **ora, l'** [ˈoːra] |
| verabschieden | **congedarsi** [kondʒeˈdaːrsi |
| viel | **molto/tanto** [ˈmolto/ˈtanto] |
| vielleicht | **forse** [ˈforse] |
| vorgestern | **ieri l'altro** [ˈjɛːri lˈaltro] |
| wahrscheinlich | **probabilmente** [probabilˈmente] |
| wann | **quando** [ˈkuando] |
| warm | **caldo** [ˈkaldo] |
| warum | **perché** [perˈke] |
| was | **cosa** [ˈkɔːza] |
| weiß | **bianco** [ˈbiaŋko] |
| welche, -er | **quale/quali** (Singular/Plural) [ˈkuaːle/ˈkuaːli] |
| wem | **a chi** [a ki] |
| wen | **chi** [ki] |
| wenig | **poco** [ˈpɔːko] |
| wer | **chi** [ki] |
| wie | **come** [ˈkoːme] |
| wo | **dove** [ˈdoːve] |
| Woche | **settimana, la** [settiˈmaːna] |

# Höflichkeit und Smalltalk

Nett, Sie/dich kennen zu lernen.
**Piacere di conoscerla/conoscerti.**
[piaˈtʃeːre di koˈnoʃʃerla/koˈnoʃʃerti]

Wie heißen Sie? **Come si chiama?** [ˈkoːme si ˈkiaːma]

Wie heißt du? **Come ti chiami?** [ˈkoːme ti ˈkiaːmi]

Was für ein schöner Name.
**Che bel nome.** [ke bɛl ˈnoːme]

Was bedeutet der Name?
**Cosa significa il nome?** [ˈkɔːza siŋˈŋjiːfika il ˈnoːme]

Ich heiße ... **Mi chiamo ...** [mi ˈkiaːmo]

Hallo, wie geht es Ihnen?
**Salve, come sta?** [ˈsalve ˈkoːme sta]
... dir? ... **stai?** [ˈstai]
... euch? ... **state?** [ˈstaːte]

Danke, mir/uns geht es gut.
**Grazie, sto/stiamo bene.** [ˈgrattsie sto/stıaːmo ˈbɛːne]

Danke für die Einladung.
**Grazie per l'invito.** [ˈgrattsie per lˈinˈviːto]

Es hat mich sehr gefreut.
**Mi ha fatto molto piacere.**
[mi a ˈfatto ˈmolto piaˈtʃeːre]

Das ist eine gute Idee.
**È una buona idea.** [ɛ ˈuːna ˈbuɔːna iˈdɛːa]

Sie haben ein wunderschönes Haus.
**Ha una casa stupenda.** [a ˈuːna ˈkaːza stuˈpenda]

Sie tragen einen schönen Anzug.
**Porta un bel abito.** [ˈpɔrta un ˈbɛl ˈaːbito]
... ein schönes Kleid.
**... un bel vestito.** [un ˈbɛl vesˈtiːto]

Heute hatten wir wirklich sehr schönes Wetter.
**Oggi il tempo è stato veramente molto bello.**
[ˈɔddʒi il ˈtempo ɛ ˈstaːto veraˈmente ˈmolto ˈbɛllo]

Wird es morgen wieder so schön?
**Sarà così bello anche domani?**
[saˈra koˈsi ˈbɛllo ˈaŋke doˈmaːni]

Was denken Sie/denkst du darüber?
**Cosa ne pensa/pensi?** [ˈkɔːza ne ˈpensa/ˈpensi]

Woher stammen Sie/stammst du?
**Da dove viene/vieni?** [da ˈdoːve ˈviɛːne/ˈviɛːni]

Ich komme aus ... **Vengo da ...** [ˈvengo da]

Wo wohnen Sie/wohnst du?
**Dove abita/abiti?** [ˈdoːve ˈaːbita/ˈabiti]

Ich wohne in ... **Abito a ...** [ˈaːbito a ]

Machen Sie hier Urlaub?
**È qui in vacanza?** [ɛ kuˈi in vaˈkantsa]

Sind Sie beruflich hier?
**È qui per lavoro?** [ɛ kuˈi per laˈvoːro]

Arbeiten Sie auch für die Firma ...?
**Lavora anche lei per la ditta ...?**
[laˈvoːra ˈaŋke lɛːi per la ˈditta]

Nein, ich bin selbstständig.
**No, ho un lavoro autonomo.**
[no ɔ un laˈvoːro auˈtɔːnomo]

Nein, ich arbeite für ... **No, lavoro per ...** [no laˈvoːro per]

Ich bin Student. **Sono studente.** [ˈsoːno stuˈdente]

Sind Sie hier zu Besuch?
**È qui in visita?** [ɛ kuˈi in ˈviːzita]

Was machen Sie hier? **Cosa fa qui?** [ˈkɔːza fa kuˈi]

Ich mache einen Sprachkurs.
**Frequento un corso di lingua.**
[freˈkuento un ˈkorso di ˈliŋgua]

Wie lange werden Sie bleiben?
**Quanto si ferma?** [ˈkuanto si ˈferma]

Ich bleibe ... Wochen/Tage.
**Mi fermo ... settimane/giorni.**
[mi ˈfermo settiˈmaːne/ˈdʒorni]

Waren Sie/Warst du schon einmal hier?
**C'è/Ci sei già stato qui?**
[tʃɛ/tʃi ˈsɛːi dʒa ˈstaːto kuˈi]

Gefällt es Ihnen/dir gut hier?
**Le/ti piace qui?** [le/ti ˈpiaːtʃe kuˈi]

Sind Sie verheiratet? **È sposato?** [ɛ spoˈzaːto]

Haben Sie Geschwister?
**Ha fratelli e sorelle?** [a fraˈtɛlli e soˈrɛlle]

Ich habe einen Bruder/eine Schwester.
**Ho un fratello/una sorella.**
[ɔ un fraˈtɛllo/ˈuːna soˈrɛlla]

Ich bin Einzelkind.
**Sono figlio unico.** [ˈsoːno ˈfiːʎo ˈuːniko]

Haben Sie Kinder? **Ha figli?** [a ˈfiːʎi]

Wie alt sind Ihre Kinder?
**Quanti anni hanno i suoi figli?**
[ˈkuanti ˈanni ˈanno i ˈsuɔːi ˈfiːʎi]

Meine Kinder gehen schon in die Schule.
**I miei figli vanno già a scuola.**
[i ˈmiɛːi ˈfiːʎi ˈvanno dʒa a ˈskuɔːla]

Wie geht es Ihrer/deiner Familie?
**Come sta la Sua/tua famiglia?**
[ˈkoːme sta la ˈsuːa/ˈtuːa faˈmiːʎa]

Danke, meiner Familie geht es sehr gut.
**Grazie, la mia famiglia sta bene.**
[ˈgrattsie la ˈmiːa faˈmiːʎa sta ˈbɛːne]

Mein Mann wird nächste Woche nachkommen.
**Mio marito mi raggiungerà la settimana prossima.**
[ˈmiːo maˈriːto mi raddʒundʒeˈra la settiˈmaːna ˈprɔːssima]

Er musste noch länger arbeiten.
**Doveva lavorare ancora.**
[doˈveːva lavoˈraːre aŋˈkoːra]

Kennen Sie Herrn/Frau ...?
**Conosce il signor/la signora ...?**
[koˈnoʃʃe il siŋˈɲjoːr/la siŋˈɲjoːra]

Nein, ich habe ihn/sie noch nicht kennen gelernt.
**No, non lo/la conosco ancora.**
[no non lɔ/la koˈnɔsko aŋˈkoːra]

Ja, ich kenne ihn/sie. **Sì, lo/la conosco.** [si lo/la koˈnosko]

Ja, ich habe ihn/sie gestern kennen gelernt.
**Sì, l'ho conosciuto/conosciuta ieri.**
[si lɔ konoʃˈʃuːto/konoʃˈʃuːta ˈiɛːri]

Waren Sie/Warst du schon am Meer?
**È/Sei già stato al mare?**
[ɛ/ˈsɛːi dʒa ˈstaːto al ˈmaːre]

Haben Sie/Hast du ... schon gesehen?
**Ha/Hai già visto ...?** [a/ai dʒa ˈvisto]

Wohnen Sie/Wohnst du auch im Hotel ...?
**Abita anche Lei nell'albergo?/**
**Abiti anche tu nell'albergo?**
[ˈabita ˈaŋke ˈlɛːi nellˈalˈbɛːrgo/
ˈabiti ˈaŋke tu nellˈalˈbɛːrgo]

Wollen wir etwas trinken gehen?
**Vogliamo andare a bere qualcosa?**
[voʎaːmo anˈdaːre a ˈbeːre kualˈkɔːza]

Ich bedaure, ich habe keine Zeit.
**Mi dispiace, non ho tempo.**
[mi disˈpiaːtʃe non ɔ ˈtɛmpo]

Ich bin schon verabredet.
**Ho già un impegno.** [ɔ dʒa un imˈpeŋŋjo]

Wie wäre es morgen?
**Che ne dice di domani?**
[ke ne ˈdiːtʃe di doˈmaːni]

Es war ein sehr schöner Abend.
**È stata una serata molto bella.**
[ɛ ˈstaːta ˈuːna seˈraːta ˈmolto ˈbɛlla]

Ja, das finde ich auch!
**Sì, penso anch'io!** [si ˈpɛnso aŋˈkiːo]

Wir haben uns/Ich habe mich sehr wohl gefühlt.
**Ci siamo sentiti/Mi sono sentito/a molto bene.**
[tʃi ˈsiaːmo senˈtiːti/mi ˈsoːno senˈtiːto/a ˈmolto ˈbɛːne]

**Ich würde mich freuen, wenn wir in Kontakt bleiben könnten.**
**Mi farebbe piacere se potessimo restare in contatto.**
[mi faˈrebbe piaˈtʃeːre se poˈtessimo reˈstaːre in konˈtatto]

**Ich schreibe dir gerne meine Adresse auf.**
**Ti do volentieri il mio indirizzo.**
[ti do volenˈtiɛːri il ˈmiːo indiritˈtso]

**Wir möchten am Sonntag in die Kirche gehen.**
**Vogliamo andare in chiesa domenica.**
[voʎaːmo anˈdaːre in ˈkiɛːza doˈmeːnika]

**In welcher Kirche findet ein katholischer/evangelischer Gottesdienst statt?**
**In quale chiesa ha luogo una messa cattolica/protestante?**
[in ˈkuale ˈkiɛːza a ˈluɔːgo ˈuːna ˈmessa katˈtɔːlika/ protesˈtante]

**Wann beginnt der Gottesdienst?**
**Quando inizia la messa?** [ˈkuando iˈnittsia la ˈmessa]

**Wann findet hier eine heilige Messe statt?**
**Quando avrà luogo una santa messa qui?**
[ˈkuando aˈvra ˈluɔˑgo ˈuːna ˈsanta ˈmessa kuˈi]

## Vokabeln

| | |
|---|---|
| Adresse | **indirizzo, l’** [indiˈrittso] |
| ankommen | **arrivare** [arriˈvaːre] |
| Arbeit | **lavoro, il** [laˈvoːro] |
| bedanken | **ringraziare** [ringratˈtsiaːre] |
| Begegnung | **incontro, l’** [iŋˈkontro] |
| Beruf | **professione, la/lavoro, il** [profesˈsioːne/laˈvoːro] |

| | |
|---|---|
| beruflich | **professionale/per lavoro** [professioˈnaːle/per laˈvoːro] |
| Besuch | **visita, la** [ˈviːzita] |
| besuchen (als Tourist) | **fare visita a/visitare** [ˈfaːre ˈviːzita a/viziˈtaːre] |
| Bruder | **fratello, il** [fraˈtɛllo] |
| Campingplatz | **campeggio, il** [kamˈpeddʒo] |
| Deutschland | **Germania, la** [dʒerˈmaːnia] |
| Einladung | **invito, l'** [inˈviːto] |
| einverstanden sein | **essere d'accordo** [ˈɛssere dˈakˈkɔrdo] |
| Eltern | **genitori, i** [dʒeniˈtoːri] |
| Entschuldigung | **scusa, la** [ˈskuːza] |
| erholen | **riposarsi** [ripoˈsaːrsi] |
| Erholung | **riposo, il** [riˈpɔːso] |
| essen | **mangiare** [manˈdʒaːre] |
| Familie | **famiglia, la** [faˈmiːʎa] |
| Ferien | **vacanze, le** [vaˈkantse] |
| fremdartig | **strano**[ˈstraːno] |
| Freude | **gioia, la** [ˈdʒɔːia] |
| freundlich | **gentile/cortese** [dʒenˈtiːle/korˈteːze] |
| Haus | **casa, la** [ˈkaːza] |
| Hotel | **albergo, l'/hotel, l'** [alˈbɛrgo/ɔˈtɛl] |
| interessant | **interessante** [interesˈsante] |
| kennen lernen | **conoscere/fare la conoscenza di** [koˈnoʃʃere/ˈfaːre la konoʃˈʃɛntsa di] |
| Kind | **bambino, il** [bamˈbiːno] |
| Kontakt | **contatto, il** [konˈtatto] |
| Land | **paese, il** [paˈeːze] |
| Lebensgefährte | **compagno, il** [komˈpaŋŋjo] |
| Lebensgefährtin | **compagna, la** [komˈpaŋŋja] |
| Leute | **gente, la** [ˈdʒɛnte] |

| | |
|---|---|
| Meer | **mare, il** [ˈmaːre] |
| Mutter | **madre, la** [ˈmaːdre] |
| natürlich | **naturalmente** [naturalˈmente] |
| normalerweise | **normalmente** [normalˈmente] |
| Österreich | **Austria, l'** [ˈaːustria] |
| privat | **privato** [priˈvaːto] |
| rauchen | **fumare** [fuˈmaːre] |
| Reise | **viaggio, il** [viˈaddʒo] |
| Rundreise | **giro, il** [ˈdʒiːro] |
| Schweiz | **Svizzera, la** [ˈzvittsera] |
| Schwester | **sorella, la** [soˈrɛlla] |
| Schwiegermutter | **suocera, la** [ˈsuɔːtʃera] |
| Schwiegersohn | **genero, il** [ˈdʒɛːnero] |
| Schwiegertochter | **nuora, la** [ˈnuɔːra] |
| Schwiegervater | **suocero, il** [ˈsuɔːtʃero] |
| Sehenswürdigkeiten | **attrazioni, le** [attratˈtsioːni] |
| Sohn | **figlio, il** [ˈfiːʎo] |
| Spaß | **divertimento, il** [divertiˈmento] |
| Sprache | **lingua, la** [ˈliŋgua] |
| sprechen | **parlare** [parˈlaːre] |
| Stadt | **città, la** [tʃitˈta] |
| Strand | **spiaggia, la** [ˈspiaddʒa] |
| Tochter | **figlia, la** [ˈfiːʎa] |
| Tourist | **turista, il** [tuˈrista] |
| Treffen | **incontro, l'** [iŋˈkontro] |
| trinken | **bere** [ˈbeːre] |
| Urlaub | **vacanza, la** [vaˈkantsa] |
| Vater | **padre, il** [ˈpaːdre] |
| verheiratet | **sposato** [spoˈzaːto] |
| Verwandte | **parenti, i** [paˈrɛnti] |
| Wasser | **acqua, l'** [ˈakkua] |
| Zigaretten | **sigarette, le** [sigaˈrɛtte] |

# Beschwerden und Meinungsverschiedenheiten

Ich möchte mich beschweren.
**Vorrei fare un reclamo.** [vorˈrɛi faːre un reklaˈmo]

Ich möchte die Reiseleitung sprechen.
**Vorrei parlare con l'accompagnatore turistico.**
[vorˈrɛi parˈlaːre kon lˈakkompaŋŋjaˈtoːre tuˈristiko]

An wen muss ich mich wenden?
**A chi devo rivolgermi?** [a ki ˈdeːvo rivolˈdʒermi]

Die Klimaanlage funktioniert nicht richtig.
**Il climatizzatore non funziona bene.**
[il klimatitsatˈtoːre non funˈtsioːna ˈbɛːne]

Ich glaube, das Telefon geht nicht.
**Credo che il telefono non funzioni.**
[ˈkreːdo ke il teˈlɛːfono non funˈtsioːni]

Der Wasserhahn tropft.
**Il rubinetto gocciola.** [il rubiˈnɛtto gotˈtʃola]

Wir haben kein warmes Wasser auf dem Zimmer.
**Non abbiamo acqua calda in camera.**
[non abˈbiaːmo ˈakkua ˈkalda in ˈkaːmera]

Dieser Mangel muss behoben werden.
**Questo problema va risolto.**
[kuesto proˈblɛːma va riˈsɔlto]

Das Zimmer ist zu laut – wir können nicht schlafen.
**La camera è troppo rumorosa – non possiamo dormire.**
[la ˈkaːmera ɛ ˈtrɔppo rumoˈroːsa non posˈsiaːmo dorˈmiːre]

Ich möchte ein anderes Zimmer haben.
**Vorrei avere un'altra camera.**
[vorˈrɛi aˈveːre un ˈaltra ˈkaːmera]

Dafür erwarte ich Schadenersatz.
**Esigo il risarcimento dei danni.**
[eˈziːgo il risartʃiˈmento ˈdeːi ˈdanni]

Für diesen Reisepreis kann ich etwas Besseres verlangen.
**Per quello che ho pagato ho diritto a qualcosa di meglio.**
[per kuello ke ɔ paˈgaːto ɔ diˈriːtto a kualˈkɔːza di ˈmɛʎo]

Das sehe ich nicht so/anders.
**Non sono d'accordo/Io la vedo diversamente.**
[non ˈsoːno dˈakˈkɔrdo/io la ˈveːdo diversaˈmente]

Damit bin ich nicht einverstanden.
**Su questo non sono d'accordo.**
[su ˈkuesto non ˈsoːno dˈakˈkɔrdo]

Das muss ich mir von Ihnen nicht sagen lassen.
**Non le permetto di parlarmi in questo modo.**
[non le perˈmɛtto di parˈlaːrmi ɪn kuesto ˈmoːdo]

Die Schuldfrage muss noch geklärt werden.
**La responsabilità deve ancora essere chiarita.**
[la responsabiliˈta ˈdeːve aŋˈkoːra ˈɛssere kiaˈriːta]

Es wäre gut, wenn wir uns einigen.
**Sarebbe meglio se trovassimo un accordo.**
[saˈrebbe ˈmeʎo se troˈvassimo un akˈkɔrdo]

Das ist mir aber unangenehm.
**Mi dispiace molto.** [mi diˈspiaːtʃe molto]

Das war sicherlich ein Missverständnis.
**È stato sicuramente un malinteso.**
[ɛ ˈstaːto sikuraˈmente un malinˈteːzo]

## Vokabeln

| | |
|---|---|
| ablehnen | **rifiutare** [rifiuˈtaːre] |
| abreisen | **partire** [parˈtiːre] |
| Bauarbeiten | **lavori edili, i** [laˈvoːri eˈdiːli] |
| | **cantiere, il** [kanˈtiɛːre] |
| Beeinträchtigung | **danno, il** [ˈdanno] |
| Beleidigung | **offesa, l'** [ofˈfeːza] |
| beschädigt | **danneggiato** [dannedˈdʒaːto] |
| defekt | **difettoso** [difetˈtoːso] |
| Einigung | **accordo, l'** [akˈkɔrdo] |
| entschuldigen, sich | **scusarsi** [skuˈzarsi] |
| Geschäftsführer | **direttore, il** [diretˈtoːre] |
| Hotelchef | **direttore dell'albergo, il** [diretˈtoːre del alˈbɛrgo] |
| laut | **rumoroso** [rumoˈroːso] |
| Missverständnis | **malinteso, il** [malinˈteːzo] |
| Qualität | **qualità, la** [kualiˈta] |
| Schaden | **danno, il** [ˈdanno] |
| schlecht | **male/cattivo** [ˈmaːle/katˈtiːvo] |
| schmutzig | **sporco** [ˈspɔrko] |
| Schuld | **colpa, la** [ˈkolpa] |
| unfreundlich | **scortese** [skorˈteːze] |
| unnachgiebig | **intransigente** [intransiˈdʒɛnte] |
| Unverschämtheit | **vergogna, la** [verˈgoːɲa] |
| Vorgesetzter | **superiore, il** [supeˈrioːre] |
| Zimmermädchen | **cameriera, la** [kameˈriɛːra] |
| Zimmerservice | **servizio in camera, il** [serˈvittsio in ˈkaːmera] |

# Telefonieren

Wo ist das nächste Telefon?
**Dove è il telefono più vicino?**
[ˈdoːve ɛ il teˈlɛːfono piˈu vɪˈtʃiːno]

Kann ich hier telefonieren?
**Posso telefonare da qui?** [ˈpɔsso telefoˈnaːre da kuˈi]

Wo kann ich eine Telefonkarte kaufen?
**Dove posso comprare una scheda telefonica?**
[ˈdoːve ˈpɔsso komˈpraːre ˈuːna ˈskɛːda teleˈfɔːnika]

Entschuldigung, ich bräuchte Münzen zum Telefonieren. Können Sie mir diesen Schein wechseln?
**Mi scusi, avrei bisogno di monete per telefonare. Può cambiarmi questo biglietto?**
[mi ˈskuːzi aˈvrɛːi biˈzoŋŋjo di moˈneːte per telefonare ˈpuɔ kamˈbiarmi ˈkuesto biʎetto]

Wie ist deine/Ihre Nummer?
**Qual è il tuo/Suo numero?**
[ˈkuaːl ɛ il ˈtuːo/ˈsuːo ˈnuːmero]

Meine Nummer ist ... **Il mio numero è ...** [il ˈmiːo ˈnuːmero ɛ]

Ich müsste dringend telefonieren.
**Dovrei fare una telefonata urgente.**
[dˈvrɛi ˈfaːre ˈuːna telefoˈnaːta urˈdʒɛnte]

Entschuldigung, ich habe mich verwählt.
**Mi scusi, ho sbagliato numero.**
[mi ˈskuːzi ɔ zbaʎaːto ˈnuːmero]

Ich möchte bitte mit Herrn/Frau ... sprechen.
**Vorrei parlare con il signor/la signora ..., per favore.**
[vorˈrɛi parˈlaːre kon il siŋˈŋjor/la siŋˈŋjoːra per faˈvoːre]

**Am Apparat. Sono io.** [ˈsoːno ˈiːo]

**Einen Moment, ich verbinde.**
**Un attimo, la collego.** [un ˈattimo la kolˈlɛːgo]

**Er/sie ist im Moment nicht da. Kann ich etwas ausrichten?**
**Lui/lei non è in casa. Vuole lasciare un messaggio?**
[ˈluːi/ˈlɛːi non ɛ ɪn kaːza vuˈɔle laʃˈʃaːre un mesˈsaddʒo]

**Ich rufe später noch einmal an.**
**Richiamerò di nuovo più tardi**
[rikiameˈro di ˈnuɔːvo piu ˈtardi]

**Hallo, hier spricht ... Was kann ich für Sie tun?**
**Pronto, qui parla ... Cosa posso fare per Lei?**
[ˈpronto ki ˈpaːrla ˈkɔːza ˈpɔsso ˈfaːre per ˈlɛːi]

**Wir haben gestern schon einmal miteinander telefoniert.**
**Ci siamo già parlati al telefono ieri.**
[tʃi ˈsiaːmo dʒa parˈlaːti al teˈlɛːfono ˈiɛːri]

**Haben Sie gestern schon einmal angerufen?**
**Ha già chiamato una volta ieri?**
[a dʒa kiaˈmaːto ˈuːna ˈvɔlta ˈiɛːri]

**Auf Wiederhören ... Arrivederci ...** [arriveˈdertʃi]

**Ich hätte gerne ein R-Gespräch nach ... angemeldet.**
**Vorrei fare una telefonata in ... a carico del destinatario.**
[vorˈrɛi ˈfaːre ˈuːna telefoˈnaːta in a ˈkaːriko del destinaˈtaːrio]

**Wo kann ich hier eine E-Mail versenden?**
**Dove posso spedire un email qui?**
[ˈdoːve ˈpɔsso speˈdiːre un iˈmeil kuˈi]

**Wo kann ich ein Fax empfangen?**
**Da dove posso ricevere un fax?**
[da ˈdoːve ˈpɔsso riˈtʃeːvere un faks]

## Vokabeln

| | |
|---|---|
| abnehmen | **staccare/alzare la cornetta** [stakˈkaːre/alˈtsaːre la corˈneːtta] |
| Anruf | **telefonata/chiamata, la** [telefoˈnaːta/kiaˈmaːta] |
| Anrufbeantworter | **segreteria telefonica, la** [segreteˈriːa teleˈfɔːnika] |
| anrufen | **chiamare** [kiaˈmaːre] |
| Auskunft | **informazione, l'** [informatˈtsioːne] |
| Auslandsgespräch | **chiamata internazionale, la** [kiaˈmaːta internattsioˈnaːle] |
| besetzt | **occupato** [okkuˈpaːto] |
| Besetztzeichen | **segnale „occupato"** [seŋˈŋjaːle okkuˈpaːto] |
| buchstabieren | **compitare** [kompiˈtaːre] |
| Durchwahl | **selezione diretta, la** [seletˈtsioːne diˈrɛtta] |
| Ferngespräch | **chiamata interurbana, la** [kiaˈmaːta interurˈbaːna] |
| Funkloch | **zona d'ombra, la** [vdʒɔːna dˈombra] |
| Handy | **cellulare, il** [tʃelluˈlaːre] |
| Kartentelefon | **telefono a scheda, il** [teˈlɛːfono a ˈskɛːda] |
| Münztelefon | **telefono a moneta, il** [teˈlɛːfono a moˈneːta] |
| Ortsgespräch | **chiamata urbana, la** [kiaˈmaːta urˈbaːna] |
| R-Gespräch | **chiamata a carico del destinatario, la** [kiaˈmaːta a ˈkaːriko del destinaˈtaːrio] |
| Telefonbuch | **elenco telefonico, l'** [eˈlɛŋko teleˈfɔːniko] |

| | |
|---|---|
| Telefongespräch | **conversazione telefonica, la** [konversatˈtsioːne teleˈfɔːnika] |
| Telefonkarte | **scheda telefonica, la** [ˈskɛːda teleˈfɔːnika] |
| Telefonnummer | **numero di telefono, il** [ˈnuːmero di teˈlɛːfono] |
| Telefonzelle | **cabina telefonica, la** [kaˈbiːna teleˈfɔːnika] |
| Vorwahl | **prefisso, il** [preˈfisso] |
| zurückrufen | **richiamare** [rikiaˈmaːre] |

# Kleine Flirtschule

## Anbändeln

Kannst du mir bitte Feuer geben?
**Mi fai accendere, per favore?**
[mi ˈfaːi atˈtʃɛndere per faˈvoːre]

Willst du dich nicht zu uns/mir setzen?
**Non vuoi sederti con noi/me?**
[non ˈvuɔːi seˈdeːrti kon ˈnoːi/me]

Darf ich mich zu dir setzen?
**Posso sedermi?** [ˈpɔsso seˈdeːrmi]

Wie heißt du? **Come ti chiami?** [ˈkoːme ti ˈkiaːmi]

Wollen wir etwas zusammen trinken?
**Vogliamo bere qualcosa?** [voʎaːmo ˈbeːre kualˈkɔːsa]

Hast du einen Freund/eine Freundin?
**Hai un ragazzo/una ragazza?**
[ai un raˈgattso/ˈuːna raˈgattsa]

Du hast ein nettes Lächeln.
**Hai un bel sorriso.** [ai un bɛl sorˈriːso]

Ich finde dich sehr nett.
**Ti trovo molto simpatico.** [ti ˈtrɔːvo ˈmolto simˈpaːtiko]

Ich mag dich. **Ti voglio bene.** [ti ˈvɔːʎo ˈbɛːne]

Ich liebe dich. **Ti amo.** [ti ˈaːmo]

## Abfuhr

Ich will heute nicht ausgehen.
**Non mi va di uscire oggi.** [non mi va di uʃˈʃiːre ˈɔddʒi]

Das interessiert mich nicht.
**Non m'interessa.** [non mˈinterˈɛssa]

Das geht mir zu schnell. Lass mir Zeit.
**Vai troppo in fretta per me. Aspetta.**
[ˈvaːi ˈtrɔppo in ˈfretta per me asˈpɛtta]

### Vokabeln

| | |
|---|---|
| küssen | **baciare** [baˈtʃaːre] |
| Lächeln | **sorriso, il** [sorˈriːso] |
| Liebe | **amore, l'** [aˈmoːre] |
| lieben | **amare** [aˈmaːre] |
| Sonnenaufgang | **alba, l'** [ˈalba] |
| Sonnenuntergang | **tramonto, il** [traˈmonto] |
| umarmen | **abbracciare** [abbratˈtʃaːre] |
| verliebt | **innamorato** [innamoˈraːto] |
| verlobt | **fidanzato** [fidanˈtsaːto] |
| verheiratet | **sposato** [spoˈzaːto] |
| wiedersehen | **rivedere** [riveˈdeːre] |

# An der Grenze

Wann sind wir an der Grenze?
**Quando saremo alla frontiera/al confine?**
[ˈkuando sareːmo alla fronˈtiɛːra/al konˈfiːne]

Wie lange muss ich noch warten?
**Quanto devo aspettare ancora?**
[ˈkuanto ˈdeːvo aspetˈtaːre aŋˈkoːra ]

Fahren Sie bitte rechts/links heran.
**Accosti a destra/sinistra per favore.**
[akˈkɔsti a ˈdɛstra/siˈnistra per faˈvoːre]

Fahren Sie bitte weiter.
**Prego, vada pure.** [prɛgo ˈvada ˈpuːre]

Kann ich bitte Ihren Ausweis sehen?
**Posso vedere il Suo documento d'identità per favore?**
[ˈpɔsso veˈdeːre il ˈsuːo dokuˈmento dˈidentiˈta per faˈvoːre]

Haben Sie ein Visum? **Ha un visto?** [a un ˈvisto]

Ihr Ausweis ist abgelaufen!
**Il Suo documento d'identità è scaduto!**
[il ˈsuːo dokuˈmento dˈidentiˈta ɛ skaˈduːto]

Was haben Sie in Ihren Koffern/in Ihrem Kofferraum?
**Cosa c'è nelle valigie/nel portabagagli?**
[ˈkɔːsa tʃɛ nelle vaˈliːdʒe/nel portabaˈgaːʎi]

Bitte öffnen Sie den Kofferraum.
**Apra il portabagagli per favore.**
[ˈaːpra il portabaˈgaːʎ per faˈvoːre]
... den Koffer. **... la valigia.** [la vaˈliːdʒa]
... die Tasche. **... la borsa.** [la ˈborsa]

Haben Sie etwas zu verzollen?
**Ha qualcosa da dichiarare?** [a kualˈkɔːsa da dikiaˈraːre]

Ich habe nichts zu verzollen.
**Non ho nulla da dichiarare.** [non ɔ ˈnulla da dikiaˈraːre]

Muss ich das verzollen?
**Devo dichiarare questo?** [ˈdeːvo dikiaˈraːre ˈkuesto]

Das müssen Sie verzollen!
**Questo lo deve dichiarare!**
[ˈkuesto lo ˈdeːve dikiaˈraːre]

Wie viel Zoll muss ich bezahlen?
**Quanto devo pagare di dogana?**
[ˈkuanto ˈdeːvo paˈgaːre di doˈgaːna]

Sind das Ihre Kinder?
**Sono i Suoi figli?** [ˈsoːno i ˈsuoːi ˈfiʎi]

Was ist das Ziel und der Grund Ihrer Reise?
**Dove è diretto e perché?** [ˈdove ɛ diˈretto e perˈke]

Wir sind Touristen. **Siamo turisti.** [ˈsiaːmo tuˈristi]

Ich gehöre zur Reisegruppe aus ...
**Faccio parte della comitiva di ...**
[ˈfattʃo ˈparte ˈdella komiˈtiːva di]

Ich fahre/wir fahren nach ...
**Vado/andiamo a ...** [ˈvaːdo/andiˈaːmo a]

Ich bin auf Geschäftsreise.
**Sono in viaggio di affari.** [ˈsoːno in viˈaddʒo di afˈfaːri]

Hier ist der Impfpass für den Hund/die Katze.
**Ecco il certificato delle vaccinazioni per il cane/il gatto.**
[ˈɛkko il tʃertifiˈkaːto delle vattʃinatˈtsioːni per il ˈkaːne/il ˈgatto]

## Vokabeln

| | |
|---|---|
| ausfüllen | **compilare/riempire** [kompiˈlaːre/riemˈpiːre] |
| ausreisen | **andare all'estero** [anˈdaːre allˈɛstero] |
| Ausweis | **documento di identità, il** [dokuˈmento di identiˈta] |
| einreisen | **entrare** [enˈtraːre] |
| EU-Bürger | **cittadino dell'Unione europea, il** [tʃittaˈdiːno dellˈuˈnioːne euroˈpɛːa] |
| Fahrzeugpapiere | **documenti di circolazione, i** [dokuˈmenti di tʃirkolatˈtsioːne] |
| Führerschein | **patente, la** [paˈtɛnte] |
| Gesundheitszeugnis | **certificato sanitario, il** [tʃertifiˈkaːto saniˈtaːrio] |
| Grenze | **frontiera, la/confine, il** [fronˈtiɛːra/konˈfiːne] |
| gültig | **valido** [ˈvaːlido] |
| Haustier | **animale domestico, l'** [aniˈmaːle doˈmɛstiko] |
| Impfpass | **certificato delle vaccinazioni, il** [tʃertifiˈkaːto delle vattʃinatˈtsioːni] |
| Nummernschild | **targa (d'immatricolazione), la** [ˈtarga dˈimmatrikolatˈtsioːne] |
| Pass | **passaporto, il** [passaˈpɔrto] |
| Personalien | **generalità, le** [dʒeneraliˈta] |
| Staatsangehörigkeit | **nazionalità, la** [nattsionaliˈta] |
| ungültig | **non valido** [non ˈvaːlido] |
| Visum | **visto, il** [ˈvisto] |
| Zoll | **dazio doganale, la** [daːtsio dogaˈnaːle] |

# Verkehrsmittel

## Im Auto

Wie komme ich nach ...?
**Come arrivo a ...?** [ˈkoːme arˈriːvo a]

Ist es noch weit bis ...?
**Manca ancora molto per ...?** [ˈmaŋka aŋˈkoːra ˈmolto per]

Führt diese Straße nach ...?
**Questa strada porta a ...?** [ˈkuesta ˈstraːda ˈpɔːrta a]

Wie komme ich zur Autobahn nach ...?
**Come raggiungo l'autostrada per ...?**
[ˈkoːme radˈdʒuŋgɔ lˈautosˈtraːda per]

Gibt es noch eine bessere Straße nach ...?
**C'è una strada migliore per ...?**
[tʃɛ ˈuːna ˈstraːda miˈʎoːre per]

Wie viele Kilometer sind es noch bis ...?
**Quanti chilometri mancano ancora per ...?**
[ˈkuanti kiˈlɔːmetri ˈmaŋkano aŋˈkoːra per]

Das ist die falsche Straße.
**È la strada sbagliata.** [ɛ la ˈstraːda zbalˈjaːta]

Sie müssen in die andere Richtung fahren.
**Deve cambiare direzione.**
[ˈdeve kamˈbiaːre diretˈtsioːne]

Können Sie mir bitte auf dieser Karte zeigen, wo wir sind?
**Per favore, può mostrarmi su questa cartina dove siamo esattamente?**
[per faˈvoːre puo mosˈtraːrmi su ˈkuesta karˈtiːna ˈdoːve ˈsiaːmo eˈzattamente]

Ist der Pass offen? **Il passo è aperto?** [il ˈpasso ɛ aˈpɛrto]

Brauche ich Winterreifen/Schneeketten?
**Servono pneumatici invernali/le catene da neve?**
[ˈservono pneuˈmaːtitʃi inverˈnaːli/le kaˈteːne da ˈneːve]

Wo kann ich hier parken?
**Dove posso parcheggiare qui?**
[ˈdoːve ˈpɔsso parkedˈdʒaːre kuˈi]

Wo gibt es hier einen bewachten Parkplatz?
**Dove c'è un parcheggio custodito qui?**
[ˈdoːve tʃɛ un parkedˈdʒo kustiˈdiːto kˈui]

## Panne

Ich habe eine Panne. **Sono in panne.** [ˈsono in ˈpanne]

Wo ist die nächste Werkstatt?
**Dove è l'officina più vicina?**
[ˈdoːve ɛ lˈoffiˈtʃiːna piu viˈtʃiːna]

Mein Auto springt nicht an.
**La mia macchina non parte.** [la ˈmiːa ˈmakkina non ˈparte]

Können Sie mein Auto am Hotel abholen?
**Può ritirare la mia macchina all'albergo?**
[puˈɔ ritiˈraːre la ˈmiːa ˈmakkina allˈalˈbɛrgo]

Können Sie mich abschleppen?
**Può trainarmi?** [puˈɔ traiˈnaːrmi]

Die Batterie ist leer.
**La batteria è scarica.** [la batteˈriːa ɛ ˈskaːrika]

Könnten Sie mir mit Benzin aushelfen?
**Potrebbe prestarmi della benzina, per favore?**
[poˈtrebbe presˈtaːrmi ˈdella benˈdziːna per faˈvoːre]

**Würden Sie mich bitte zur nächsten Tankstelle mitnehmen?**
**Mi darebbe un passaggio fino al prossimo distributore di benzina, per favore?**
[mi daˈrebbe un pasˈsaddʒo ˈfiːno al ˈprɔssimo distribuˈtoːre di benˈdziːna per faˈvoːre]

**Ich habe eine Reifenpanne.**
**Ho una gomma a terra/Ho forato.**
[ɔ ˈuːna ˈgomma a ˈtɛrra/ɔ foˈraːto]

**Könnten Sie mir beim Reifenwechsel helfen?**
**Potrebbe aiutarmi a cambiare la gomma?**
[poˈtrebbe aiuˈtaːrmi a kamˈbiaːre la ˈgomˈma]

**Können Sie mir bitte Starthilfe geben?**
**Può aiutarmi ad avviare la macchina, per favore?**
[ˈpuo aiuˈtaːrmi ad avviˈaːre la ˈmakkina per faˈvoːre]

**Haben Sie ein Starthilfekabel?**
**Ha un cavo per collegare le batterie?**
[a un ˈkaːvo per kolleˈgaːre ˈle batteˈriːe]

**Mit dem Motor stimmt etwas nicht.**
**C'è qualcosa che non va col motore.**
[tʃɛ kualˈkɔːsa ke non va ˈkɔl moˈtoːre]

**Ich glaube, die Stoßdämpfer von meinem Auto sind defekt.**
**Credo che gli ammortizzatori della mia macchina siano rotti.**
[ˈkreːdo ke ʎi ammortiddʒaˈtoːri ˈsiːano ˈrotti]

**Mein Auto verliert Öl.**
**La mia macchina perde olio.**
[la ˈmiːa ˈmakkina ˈpɛːrde ɔːlio]

**Die Bremsen funktionieren nicht.**
**I freni non funzionano.** [i ˈfreːni non funtˈsioːnano]

Machen Sie nur die nötigsten Reparaturen.
**Faccia solo le riparazioni indispensabili.**
[fattʃa ˈsoːlo le riparatˈtsioːni indispenˈsaːbili]

Was würde die Reparatur kosten?
**Quanto costerebbe la riparazione?**
[ˈkuanto kosteˈrebbe la riparatˈtsioːne]

Wie lange dauert die Reparatur?
**Quanto dura la riparazione?**
[ˈkuanto ˈduːra la riparatˈtsioːne]

Haben Sie Ersatzteile da?
**Ha dei pezzi di ricambio qui?**
[a ˈdeːi ˈpettsi di riˈkambio kuˈi]

Wo kann ich Ersatzreifen bekommen?
**Dove posso procurarmi dei pezzi di ricambio?**
[ˈdoːve ˈpɔsso prokuˈrarmi ˈdeːi ˈpettsi di riˈkambio]

## Unfall

Wir hatten einen Unfall.
**Abbiamo avuto un incidente.**
[abˈbiaːmo aˈvuːto un intʃiˈdɛnte]

Helfen Sie mir! **Mi aiuti!** [mi ˈaːiuti]

Rufen Sie bitte schnell einen Krankenwagen!
**Presto chiami un'ambulanza, per favore!**
[ˈprɛsto ˈkiaːmi unˈambuˈlantsa per faˈvoːre]
... die Feuerwehr! **... i pompieri!** [i pomˈpiɛːri]
... die Polizei! **... la polizia!** [la politˈtsiːa]

Könnte ich bei Ihnen telefonieren?
**Potrei usare il Suo telfono?**
[poˈtrɛːi uˈzaːre il suːo teˈlɛfoːno]

Haben Sie Verbandszeug?
**Ha la cassetta del pronto soccorso?**
[a la kasˈsetta del pronto sokˈkorso]

Sind Sie verletzt? **È ferito?** [ɛ feˈriːto]

Es ist niemand verletzt.
**Non ci sono feriti.** [non tʃi sonɔ feˈriːti]

Es gibt Verletzte. **Ci sono dei feriti.** [tʃi ˈsoːno ˈdeːi feˈriːti]

Es ist nur ein Blechschaden.
**Ci sono solo danni alla carrozzeria.**
[tʃi ˈsoːno ˈsoːlo ˈdanni ˈalla karrottseˈriːa]

Sie sind zu schnell gefahren.
**Lei andava troppo veloce.** [ˈlɛːi anˈdaːva ˈtroppo veˈlɔtʃe]

Sie sind zu nah aufgefahren.
**Lei non ha rispettato la distanza di sicurezza.**
[ˈlɛː non a rispetˈtaːto la diˈstantsa di siˈkurettsa]

Ich hatte Vorfahrt.
**Avevo la precedenza.** [aˈveːvo la pretʃeˈdɛntsa]

Schreiben Sie mir Ihren Namen und Ihre Adresse auf.
**Mi scriva il Suo nome e il Suo indirizzo.**
[mi ˈskriːva il ˈsuːo ˈnoːme e il ˈsuːo indiˈrittso]

Hier haben Sie meinen Namen und meine Adresse.
**Ecco le il mio nome e il mio indirizzo.**
[ˈɛkko le il ˈmiːo ˈnoːme e il ˈmiːo indiˈrittso]

Meine Versicherung wird den Schaden bezahlen.
**La mia assicurazione pagherà il danno.**
[la ˈmiːa assikuratˈtsioːne pageˈra il ˈdanno]

Es war (nicht) meine Schuld.
**(Non) è stata colpa mia.** [non ɛ ˈstaːta ˈkolpa ˈmiːa]

**Würden Sie eine Zeugenaussage machen?**
**Rilascerebbe una deposizione/testimonianza?**
[rilaʃeˈrebbe ˈuːna depositˈtsioːne/testimoˈniantsa]

## Autovermietung

**Wo kann ich hier ein Auto mieten?**
**Dove posso noleggiare una macchina?**
[ˈdoːve ˈpɔsso noledˈdʒaːre ˈuːna ˈmakkina]

**Ich möchte ein/dieses Auto mieten.**
**Vorrei noleggiare una/questa macchina.**
[vorˈrɛi noledˈdʒaːre ˈuna/ˈkuesta ˈmakkina]

**Wie viel kostet es pro Tag?**
**Quanto costa al giorno?** [ˈkuanto ˈkɔsta al dʒorno]

**Wie hoch ist die Kaution?**
**Quanto costa la cauzione?** [ˈkuanto kɔsta la kautˈtsioːne]

**Haben Sie ein größeres/kleineres Auto?**
**Ha una macchina più grande/più piccola?**
[a ˈuːna ˈmakkina piu ˈgrande/piu ˈpikkola]

**Wie viele Freikilometer habe ich?**
**Quanti chilometri sono compresi nel prezzo?**
[ˈkuanti kiˈlɔːmetri soːno komˈpreːsi nel prɛtˈtso]

**Ich möchte das Auto in ... zurückgeben. Geht das?**
**Vorrei riconsegnare la macchina tra .... Va bene?**
[vorˈrɛi rikonseˈɲaːre la ˈmakkina tra va ˈbɛːne]

**Um welche Uhrzeit muss ich das Auto zurückgeben?**
**A che ora devo riconsegnare la macchina?**
[a ke ˈoːra ˈdeːvo rikonseˈɲaːre la ˈmakkina]

**Wie hoch ist die Selbstbeteiligung?**
**Di quanto è la franchigia?** [di ˈkuanto ɛ la fraŋˈkiːdʒa]

**Ist das Auto vollkaskoversichert?**
**La macchina è coperta da un'assicurazione casco totale?**
[la ˈmakkina ɛ koˈpɛːrta da un assikuratˈtsioːne ˈkasko toˈtaːle]

**Was muss ich tanken?**
**Quale carburante devo usare?**
[ˈkuale karbuˈrante ˈdeːvo uˈzaːre]

## Tankstelle

**Wo ist die nächste Tankstelle?**
**Dove è il distributore di benzina più vicino?**
[ˈdoːve ɛ il distribuˈtoːre di benˈdziːna piˈu vitʃiːno]

**Bitte voll tanken.**
**Il pieno, per favore.** [il ˈpiɛːno per faˈvoːre]

**Ich möchte ... Liter Benzin/Diesel.**
**Vorrei ... litri di benzina/gasolio.**
[vorˈrɛi ˈliːtri di benˈdziːna/gaˈzɔːlio]

**Bitte machen Sie einen Ölwechsel bei meinem Auto.**
**Per favore mi faccia il cambio dell'olio.**
[per faˈvoːre mi ˈfattʃa il ˈkambio dellˈɔːlio]

**Bitte prüfen Sie den Ölstand.**
**Per favore controlli il livello dell'olio.**
[per faˈvoːre konˈtrɔlli il liˈvɛllo dellˈɔːlio]
**... den Reifendruck.**
**... la pressione dei pneumatici.**
[la presˈsioːne dei pneuˈmaːtitʃi]
**... die Batterie. ... la batteria.** [la batteˈriːa]

**Ich brauche Kühlwasser.**
**Ho bisogno di acqua per il radiatore.**
[ɔ biˈzoŋjo di ˈakkua per il radiaˈtoːre]

## Vokabeln

| | |
|---|---|
| Abschleppdienst | **soccorso stradale, il/carro attrezzi, il** [sokˈkorso straˈdaːle/ˈkarro atˈtrettsi] |
| Abschleppseil | **cavo da/di rimorchio, il** [ˈkaːvo da/di riˈmɔrkio] |
| Ampel | **semaforo, il** [seˈmaːforo] |
| Anlasser | **starter, lo** [ˈstartɛr] |
| Ausfahrt | **uscita, l'** [uʃˈʃiːta] |
| Auspuff | **scappamento, lo** [skappaˈmento] |
| auswechseln | **cambiare/sostituire** [kamˈbiaːre/sostituˈiːre] |
| Autobahn | **autostrada, l'** [autoˈstraːda] |
| Batterie | **batteria, la** [batteˈriːa] |
| Baustelle | **lavori in corso** [laˈvoːri ɪn korso] |
| Benzin | **benzina, la** [benˈdziːna] |
| Bremse | **freno, il** [ˈfreːno] |
| Bundesstraße | **strada statale, la** [ˈstraːda staˈtaːle] |
| Bußgeld | **multa, la** [ˈmulta] |
| Dichtung | **guarnizione, la** [guarnitˈtsioːne] |
| Diesel | **gasolio, il** [ˈgaˈzɔːlio] |
| Elektronik | **elettronica, l'** [eletˈtrɔːnika] |
| Entfernung | **distanza, la** [disˈtantsa] |
| Ersatzreifen | **ruota di scorta, il** [ruˈɔta di skɔrta] |
| Fahrbahn | **carreggiata, la** [karredˈdʒaːta] |
| fahren | **andare in macchina** [anˈdaːre in ˈmakkina] |
| Feldweg | **strada bianca, la** [straːda bianka] |
| Filter | **filtro, il** [ˈfiltro] |
| Frostschutzmittel | **antigelo, l'** [antiˈdʒɛːlo] |
| Gang | **marcia, la** [ˈmartʃa] |
| Gangschaltung | **cambio, il** [ˈkambio] |

| | |
|---|---|
| gegenüber | **di fronte** [di ˈfronte] |
| geradeaus | **dritto** [ˈdritto] |
| Geschwindigkeit | **velocità, la** [velotʃiˈta] |
| Getriebe | **meccanismo, il** [mekkaˈnizmo] |
| kaputt | **rotto** [ˈrotto] |
| Katalysator | **catalizzatore, il** [kataliddzaˈtoːre] |
| Kennzeichen | **targa, la** [ˈtarga] |
| Kfz-Papiere | **documenti della macchina** [dokuˈmenti ˈdɛlla ˈmakkina] |
| Kilometer | **chilometro, il** [kiˈlɔːmetro] |
| Kreuzung | **incrocio, l'** [iŋkroːtʃo] |
| Kühler | **radiatore, il** [radiaˈtoːre] |
| Kupplung | **frizione, la** [fritˈtsioːne] |
| Kurve | **curva, la** [ˈkurva] |
| Landstraße | **strada secondaria, la** [ˈstraːda sekonˈdaːria] |
| Lenkung | **guida, la** [ˈguiːda] |
| links | **a sinistra** [a siˈnistra] |
| Maut | **pedaggio, il** [peˈdaddʒo] |
| Mautstelle | **casello autostradale, il** [kaˈsɛllo autostraˈdaːle] |
| Mechaniker | **meccanico, il** [mekˈkaːniko] |
| Meter | **metro, il** [ˈmɛːtro] |
| Motor | **motore, il** [moˈtoːre] |
| neben | **accanto a/vicino a** [akˈkanto a/viˈtʃiːno a ] |
| Nummernschild | **targa (d'immatricolazione), la** [ˈtarga dˈimmatrikolatˈtsioːne] |
| Öl | **olio, l'** [ɔːlio] |
| Ölwechsel | **cambio dell'olio, il** [ˈkambio dellˈɔːlio] |
| Panne | **panne, la** [panne] |
| Parkplatz | **parcheggio, il** [parˈkeddʒo] |

| | |
|---|---|
| Parkschein | **scontrino del parcheggio, lo** [skonˈtriːno del parˈkeddʒo] |
| Radarkontrolle | **controllo radar, il** [konˈtrɔllo ˈraːdar] |
| Rastplatz | **area di servizio, l'** [ˈaːrea di serˈviːtsio] |
| rechts | **a destra** [a ˈdɛstra] |
| Reifenpanne | **foratura, la** [foˈratuːra] |
| reparieren | **riparare** [ripaˈraːre] |
| Reservekanister | **tanica di riserva, la** [ˈtaːnika di riˈsɛrva] |
| Schaltung | **cambio, il** [ˈkambio] |
| Schneeketten | **catene da neve, le** [kaˈteːne da ˈneːve] |
| Schutzbrief | **carta verde, la** [ˈkarta ˈverde] |
| Stau | **ingorgo, l'/coda, la** [iŋˈgorgo/ˈkoːda] |
| Straßenkarte | **carta stradale, la** [ˈkarta straˈda ːle] |
| Super bleifrei | **(benzina) super senza piombo, la** [benˈdziːna ˈsuːpɛr ˈsɛntsa ˈpiombo] |
| Super plus | **(benzina) super plus, la** [benˈdziːna ˈsuːpɛr plus] |
| Super verbleit | **(benzina) super con piombo, la** [benˈdziːna ˈsuːpɛr kon ˈpiombo] |
| Tachometer | **tachimetro, il** [taˈkiːmetro] |
| Teilkasko | **casco parziale, la** [ˈkasko parˈtsiaːle] |
| Umleitung | **deviazione, la** [deviatˈtsioːne] |
| Unfall | **incidente, l'** [intʃiˈdɛnte] |
| Versicherung | **assicurazione, l'** [assikuratˈtsioːne] |
| Vorfahrt | **precedenza, la** [pretʃeˈdɛntsa] |
| Werkstatt | **officina, l'** [offiˈtʃiːna] |
| Werkzeug | **attrezzo, l'** [atˈtrettso] |
| Zusammenstoß | **scontro, lo** [ˈskontro] |

## Polizeikontrolle

**Kann ich bitte Ihren Führerschein und die Fahrzeug-papiere sehen?**
**Favorisca patente e libretto, prego.**
[favo'riska pa'tɛnte e li'bretto prɛgo]

**Ist das Ihr Fahrzeug?**
**La macchina è Sua?**
[la 'makkina ɛ suːa]

**Wer ist der Halter/der Besitzer des Fahrzeugs?**
**Chi è il proprietario della macchina?**
[ki ɛ il proprie'taːrio 'dɛlla 'makkina]

**Sie waren nicht angeschnallt.**
**Non aveva allacciato la cintura di sicurezza.**
[non a'veːva allat'tʃaːto la tʃin'tuːra di siku'rettsa]

**Haben Sie Alkohol getrunken?**
**Ha bevuto alcol?** [a be'vuːto 'alkɔl]

**Sie haben die Höchstgeschwindigkeit von ... km/h überschritten.**
**Ha superato il limite di velocità di ... km/ora.**
[a supe'raːto il 'liːmite di velotʃi'ta di ki'lɔːmetri all'oːra]

**Das kostet Sie ein Verwarngeld von ... Euro.**
**Le costa una multa di ... Euro.**
[ʟe 'kɔsta 'uːna 'multa di 'eːurɔ]

**Steigen Sie bitte aus und öffnen Sie den Kofferraum!**
**Scenda dalla macchina e apra il portabagagli, per favore!**
['ʃenda 'dalla 'makkina e 'aːpra il pɔrtaba'gaːʎi per fa'voːre]

## Im Bus

**Wo halten die Busse nach ...?**
**Dove fermano i bus per ...?** [ˈdoːve ˈfermano i bus per]

**Bitte suchen Sie mir die schnellste Verbindung nach ... heraus!**
**Per favore, mi trovi il collegamento più rapido per ...!**
[per faˈvoːre mi ˈtrɔːvi il kollegaˈmento piu ˈraːpido per]

**Wann fährt ein Bus/der nächste Bus nach ...?**
**Quando passa un autobus/il prossimo autobus per ...?**
[ˈkuando ˈpassa un aːutobus/il ˈprɔssimo aːutobus per]

**Welche Linie muss ich nach ... nehmen?**
**Quale linea/numero devo prendere per ...?**
[ˈkuale ˈliːnea/nuˈmeːro ˈdeːvo ˈprɛndere per]

**Wie lange dauert die Busfahrt nach ...?**
**Quanto ci vuole con l'autobus per arrivare a ...?**
[ˈkuanto tʃi vuˈole kon laːutobus per arriˈvaːre a]

**Wo bekomme ich die Fahrkarten?**
**Dove posso comprare i biglietti?**
[ˈdoːve ˈpɔsso komˈpraːre i bilˈjetti]

**Was kostet die Fahrt nach ...?**
**Quanto costa un biglietto per ...?**
[ˈkuanto ˈkɔsta un bɪʎeːtto per]

**Ist das der Bus nach ...?**
**È questo l'autobus per ...?** [ɛ ˈkuesto lˈaːutobus per]

**Wann kommt der Bus in ... an?**
**Quando arriva a ... l'autobus?**
[ˈkuando arˈriːva a lˈaːutobus]

**Muss ich umsteigen? Devo cambiare?** [ˈdeːvo kamˈbiaːre]

**Halten Sie in ...? Ferma a ...?** [ˈferma a]

**Wie viele Stationen sind es bis ...?**
**Quante fermate ci sono fino a ...?**
[ˈkuante ferˈmaːte tʃi ˈsoːno fino a]

## Vokabeln

| | |
|---|---|
| **Bus** | **bus/autobus, il** [ˈbus/aːutobus] |
| **Busfahrer** | **autista dell'autobus, l'** [auˈtista dellˈaːutobus] |
| **Bushaltestelle** | **fermata dell'autobus, la** [ferˈmaːta dellˈaːutobus] |
| **Endstation** | **capolinea, il** [kapoˈliːnea] |
| **Fahrkarte** | **biglietto, il** [bilˈjetto] |
| **Fahrkartenautomat** | **distributore automatico di biglietti, il** [distribuˈtoːre autoˈmaːtiko di bilˈjetti] |
| **Fahrplan** | **orario, l'** [oˈraːrio] |
| **Gepäck** | **bagaglio, il** [baˈgaʎo] |
| **halten** | **fermarsi** [ferˈmarsi] |
| **Haltestelle** | **fermata, la** [ferˈmaːta] |
| **Koffer** | **valigia, la** [vaˈliːdʒa] |
| **Kontrolleur** | **controllore, il** [kontrolˈloːre] |
| **Linie** | **linea, la** [ˈliːnea] |
| **Richtung** | **direzione, la** [diretˈtsioːne] |
| **Stadtbus** | **autobus cittadino, l'** [aːutobus tʃittaˈdiːno] |
| **Tageskarte** | **biglietto giornaliero, il** [bilˈjetto dʒornaˈliɛːro] |
| **Überlandbus** | **corriera pullman, la** [korˈriɛːra ˈpulman] |
| **Wochenkarte** | **abbonamento settimanale, l'** [abbonaˈmento settimaˈnaːle] |

# Im Zug

Von welchem Bahnhof fahren die Züge nach ...?
**Da quale stazione partono i treni per ...?**
[da ˈkuale statˈtsioːne ˈpartɔno i trɛːni per]

Wann fährt ein Zug/der nächste Zug nach ...?
**Quando parte un treno/il prossimo treno per ...?**
[ˈkuando ˈparte un ˈtrɛːno/il ˈprɔssimo ˈtrɛːno per]

Fährt der Zug direkt nach ...?
**Il treno va direttamente a ...?** [il ˈtrɛːno va direttaˈmente a]

Wann kommt der Zug in ... an?
**Quando arriva il treno a ...?** [ˈkuando arˈriːva il ˈtrɛːno a ]

Was kostet eine Fahrkarte nach ...?
**Quanto costa un biglietto per ...?**
[ˈkuanto ˈkɔsta un bilˈjetto per]

Ich hätte gerne eine Fahrkarte nach ...
**Vorrei un biglietto per ...?** [vorˈrɛi un bilˈjetto per]

Gibt es Ermäßigungen für Kinder?
**Ci sono riduzioni per i bambini?**
[tʃi ˈsoːno ridutˈtsioːni per i bamˈbiːni]
... Studenten? **... gli studenti?** [ʎi stuˈdenti]
... Senioren? **... i pensionati?** [ ipensioˈnaːti]

Bitte eine Karte nach ... erster/zweiter Klasse!
**Per favore, un biglietto di prima/seconda classe per ...**
[per faˈvoːre un bilˈjetto di ˈpriːma/seˈkonda ˈklasse per]
... für ... Erwachsene/Kinder.
**... per ... adulti/bambini.** [per aˈdulti/bamˈbiːni]
... eine Fahrt/hin und zurück.
**... sola andata/andata e ritorno.**
[soːla anˈdaːta/anˈdaːta e riˈtorno]

**Reservieren Sie mir einen Platz am Fenster!**
**Mi prenoti un posto accanto al finestrino!**
[mi preˈnɔːti un ˈposto akˈkaːnto al finesˈtriːno]
**... im Liegewagen!**
**... nella carrozza con cuccette!**
[ˈnella karˈroːtsa kon kutˈtʃette]
**... im Schlafwagen! ... nel vagone-letto!** [nel vaˈgoːne ˈlɛtto]
**... für (Nicht-)Raucher!**
**... per (non) fumatori!** [per non fumaˈtoːri]

**Auf welchem Gleis fährt der Zug nach ... ab?**
**Da quale binario parte il treno per ...?**
[da ˈkuale biˈnaːrio ˈparte il ˈtrɛːno per]

**Hat der Zug nach/aus ... Verspätung?**
**Il treno per/da ... è in ritardo?**
[il ˈtrɛːno per/da ɛ in riˈtardo]

**Wie oft/wo muss ich umsteigen?**
**Quante volte/dove devo cambiare?**
[ˈkuante ˈvɔlte/ˈdoːve ˈdeːvo kamˈbiaːre]

**Wie lange muss ich auf meinen Anschlusszug warten?**
**Quanto tempo devo aspettare la mia coincidenza?**
[ˈkuanto ˈtempo ˈdeːvo aspetˈtaːre la ˈmiːa kointʃiˈdɛntsa]

**Wo finde ich Schließfächer?**
**Dove trovo gli armadietti del deposito bagagli?**
[ˈdoːve ˈtrɔːvo ʎi armaˈdietti del deˈpɔːzito baˈgaʎi]
**... das Fundbüro?**
**... l'ufficio oggetti smarriti?**
[lˈufˈfiːtʃo odˈdʒɛtti zmarˈriːti]

**Der Zug nach ... fährt auf Gleis 1 ein.**
**Il treno per ... è in arrivo sul binario 1.**
[il ˈtrɛːno per ɛ ɪn arˈriːvo sul biˈnaːrio ˈuːno]

Der Zug aus ... hat voraussichtlich 10 Minuten Verspätung.
**Il treno da ... viaggia con circa 10 minuti di ritardo.**
[il ˈtrɛːno da viaddʒa kon ˈtʃiːrka ˈdiɛːtʃi miˈnuːti di riˈtardo]

Bitte einsteigen!
**Signori in carrozza!** [siŋˈɲoːri ɪn karˈrɔːtsa]

## Im Abteil

Hält dieser Zug in ...?
**Questo treno ferma a ...?**
[ˈkuesto ˈtrɛːno ˈferma a]

Hat dieser Zug einen Speisewagen?
**Questo treno ha un vagone ristorante?**
[ˈkuesto ˈtrɛːno a un vaˈgoːne ristoˈrante]

Ist dieser Platz noch frei?
**Questo posto è ancora libero?**
[ˈkuesto ˈposto ɛ aŋˈkoːra ˈliːbero]

Entschuldigen Sie bitte, aber das ist mein Platz.
**Mi scusi, ma questo è il mio posto.**
[mi ˈskuːsi ma ˈkuesto ɛ il ˈmiːo ˈposto]

Darf ich meine Tasche hierhin stellen?
**Posso posare la mia borsa qui?**
[ˈpɔsso poˈsaːre la ˈmiːa ˈborsa kuˈi]

Darf ich das Fenster öffnen/schließen?
**Posso aprire/chiudere il finestrino?**
[ˈpɔsso aˈpriːre/ˈkiuːdere il fineˈstriːno]

Die Fahrkarten, bitte!
**I biglietti, prego!** [i bilˈjetti ˈprɛːgo]

## Vokabeln

| | |
|---|---|
| Abfahrt | **partenza, la** [parˈtɛntsa] |
| Abteil | **scompartimento, lo** [skompartiˈmento] |
| Ankunft | **arrivo, l'** [arˈriːvo] |
| Anschluss | **coincidenza, la** [kointʃiˈdɛntsa] |
| Ausgang | **uscita, l'** [uʃˈʃiːta] |
| aussteigen | **scendere** [ˈʃendere] |
| Bahnhof | **stazione, la** [statˈtsioːne] |
| Bahnsteig | **binario, il** [biˈnaːrio] |
| besetzt | **occupato** [okkuˈpaːto] |
| D-Zug | **treno espresso, il** [ˈtrɛːno esˈprɛsso] |
| Eilzug | **treno diretto, il** [ˈtrɛːno diˈrɛtto] |
| Eingang | **entrata, l'** [enˈtraːta] |
| einsteigen | **salire** [saˈliːre] |
| Ermäßigung | **riduzione, la/sconto, lo** [ridutˈtsioːne/skoːnto] |
| Fahrkarte | **biglietto, il** [bilˈjetto] |
| Fahrkartenschalter | **biglietteria, la** [biʎetteˈriːa] |
| Fahrplan | **orario, l'** [oˈraːrio] |
| Fahrpreis | **prezzo del biglietto, il** [ˈprɛttso del bilˈjetto] |
| frei | **libero** [ˈliːbero] |
| Gang | **corridoio, il** [korriˈdoːio] |
| Gepäckaufbewahrung | **deposito bagagli, il** [deˈpɔːzito baˈgaʎi] |
| Gepäckwagen | **bagagliaio, il** [bagalˈjiaːio] |
| Gleis | **binario, il** [biˈnaːrio] |
| Großraumwagen | **carrozza pullman, la** [karˈrɔttsa ˈpulman] |
| Gruppenermäßigung | **sconto comitiva, lo** [ˈskonto komiˈtiːva] |

| | |
|---|---|
| Hauptbahnhof | **stazione centrale, la** [statˈtsioːne tʃenˈtraːle] |
| Hochgeschwindigkeitszug | **treno ad alta velocità, il** [ˈtrɛːno ad ˈalta velotʃiˈta] |
| Intercity | **intercity, l'** [interˈsiːti] |
| Interregio | **interregionale, l'** [interredʒoˈnaːle] |
| Klasse | **classe, la** [ˈklasse] |
| Liegewagen | **carrozza con cuccette, la** [karˈrɔttsa kon kutˈtʃette] |
| Nahverkehrszug | **treno locale, il** [ˈtrɛːno loˈkaːle] |
| Nichtraucherabteil | **scompartimento per non fumatori, lo** [skompartiˈmento per non fumaˈtoːri] |
| Notbremse | **freno d'emergenza, il** [ˈfreːno dˈemerˈdʒɛntsa] |
| Raucherabteil | **scompartimento per fumatori, lo** [skompartiˈmento per fumaˈtoːri] |
| Reservierung | **prenotazione, la** [prenotatˈtsioːne] |
| Rückfahrkarte | **biglietto di ritorno, il** [bilˈjetto di riˈtorno] |
| S-Bahn | **ferrovia metropolitana, la** [ferroˈviːa metropoliˈtaːna] |
| Schaffner | **controllore, il** [kontrolˈloːre] |
| Schlafwagen | **vagone-letto, il** [vaˈgoːne ˈlɛtto] |
| Schließfächer | **armadietti del deposito bagagli, gli** [armaˈdietti del deˈpɔːzito baˈgaʎi] |
| Speisewagen | **vagone ristorante, il** [vaˈgoːne ristoˈrante] |
| Straßenbahn | **tram, il** [tram] |
| U-Bahn | **metropolitana, la** [metropoliˈtaːna] |
| Wagennummer | **numero della carrozza, il** [ˈnuːmero ˈdɛlla karˈrɔttsa] |
| Zug | **treno, il** [ˈtrɛːno] |

## Im Flugzeug

**Wo ist der Flughafen?**
**Dove è l'aeroporto?** [ˈdoːve ɛ lˈaeroˈpɔrto]

**Gibt es einen Bus zum Flughafen?**
**C'è un autobus per l'aeroporto?**
[tʃɛ un aːutobus per lˈaeroˈpɔrto]

**Wo fährt der Flughafenbus ab?**
**Da dove parte l'autobus per l'aeroporto?**
[da ˈdoːve ˈparte lˈaːutobus per lˈaeroˈpɔrto]

**Wo ist der Schalter der Fluggesellschaft ...?**
**Dove è lo sportello della compagnia aerea?**
[ˈdoːve ɛ lo sporˈtɛllo ˈdɛlla kompaŋˈɲiːa aˈɛːrea]

## Am Schalter

**Ich möchte einen Flug nach ... buchen.**
**Vorrei prenotare un volo per ...**
[vorˈrɛi prenoˈtaːre un ˈvoːlo per]

**Wann geht der nächste Flug nach ...?**
**Quando parte il prossimo volo per ...?**
[ˈkuando ˈparte il ˈprɔssimo ˈvoːlo per]

**Gibt es einen Direktflug?**
**C'è un volo diretto?**
[tʃɛ un ˈvoːlo diˈrɛtto]

**Machen wir einen Zwischenstopp?**
**Facciamo uno scalo?**
[fatˈtʃaːmo ˈuːno ˈskaːlo]

**Wie viel kostet ein Flug nach ...?**
**Quanto costa un volo per ...?** [ˈkuanto ˈkɔsta un ˈvoːlo per]

**Gibt es Ermäßigungen?**
**Ci sono riduzioni?** [tʃi ˈsoːno ridutˈtsioːni]
**... Sondertarife? ... tariffe speciali?** [taˈriffe speˈtʃaːli]
**... Stand-by-Plätze?**
**... biglietti stand-by?** [bilˈjetti stɛndˈbaːi]

**Sind noch Plätze frei?**
**Ci sono ancora dei posti liberi?**
[tʃi ˈsoːno aŋˈkoːra ˈdeːi ˈposti ˈliːberi]

**Dieser Flug ist leider ausgebucht.**
**Purtroppo questo volo è al completo.**
[purˈtrɔppo ˈkuesto ˈvoːlo ɛ al komˈplɛːto]

**Es tut mir Leid, aber Ihr Flug wurde annulliert.**
**Mi dispiace, ma il Suo volo è stato cancellato.**
[mi dispiaˈtʃe ma il ˈsuːo ˈvoːlo ɛ ˈstato kantʃelˈlaːto]

**Würde es Ihnen etwas ausmachen, einen späteren Flug zu nehmen?**
**Le dispiacerebbe prendere un volo successivo?**
[le dispiatʃeˈrebbe ˈprɛndere un ˈvoːlo suttʃesˈsiːvo]

**Wie hoch ist die Flughafengebühr?**
**A quanto ammonta la tassa aeroportuale?**
[a ˈkuanto ammˈonta la ˈtassa aeroˈpɔrtuˈaːle]

**Kann ich das als Handgepäck mitnehmen?**
**Posso portare questo come bagaglio a mano?**
[ˈpɔsso porˈtaːre ˈkuesto ˈkoːme baˈgaːʎo a ˈmaːno]

**Wie viel Gepäck ist gebührenfrei?**
**Quanto bagaglio è consentito?**
[ˈkuanto baˈgaʎo ɛ konsenˈtiːto]

**Was kostet ein Kilo Übergepäck?**
**Quanto costa per un chilo di bagaglio in eccedenza?**
[ˈkuanto kɔsta per un ˈkiːlo di baˈgaʎo ɪn ettʃeˈdɛntsa]

Wann/Wo muss ich einchecken?
**Quando/Dove devo fare il check-in?**
[ˈkuando/ˈdoːve ˈdeːvo ˈfaːre il ˈtʃɛkkin]

Kann ich bitte Ihr Visum/Ihren Personalausweis sehen?
**Posso vedere il Suo visto/il Suo documento d'identità, per favore?**
[ˈpɔsso vedeːre il ˈsuːo ˈvisto/il ˈsuːo dokuˈmento dˈiden↓ tiˈta per faˈvoːre]

Ich hätte gerne einen Platz am Fenster.
**Vorrei un posto accanto al finestrino.**
[vorˈrɛːi un ˈposto akˈkaːnto al finesˈtriːno]
... in der Mitte. **... al centro.** [al ˈtʃɛntro]
... am Gang. **... vicino al corridoio.** [viˈtʃiːno al korriˈdoːio]

Ich möchte meinen Flug stornieren.
**Vorrei annullare il mio volo.**
[vorˈrɛi annulˈlaːre il ˈmiːo voːlo]
... umbuchen.
**... cambiare la mia prenotazione.**
[kamˈbiaːre la miːa prenotatˈtsioːne]
... rückbestätigen.
**... confermare il mio volo.** [konferˈmaːre il ˈmiːo ˈvoːlo]

Wie komme ich zum Terminal ...?
**Come si arriva al terminale ...?**
[ˈkoːme si arˈriːva al termiˈnaːle]

Legen Sie alle metallischen Gegenstände in diese Schale.
**Metta tutti gli oggetti metallici in questo contenitore.**
[ˈmetta ˈtutti ʎi odˈdʒɛtti meˈtallitʃi in ˈkuesto konteniˈtoːre]

Das können Sie nicht mit in das Flugzeug nehmen.
**Questo non lo può portare sull'aereo.**
[ˈkuesto non lo puo porˈtaːre sullˈaˈɛːreo]

## Vokabeln

| | |
|---|---|
| Abflug/Start | **decollo, il** [deˈkɔːllo] |
| Ankunft | **arrivo, l'** [arˈriːvo] |
| Anschlussflug | **coincidenza aerea, la** [kointʃiˈdɛntsa] |
| anschnallen | **allacciare** [allaˈtʃaːre] |
| ausgebucht | **completo** [komˈplɛːto] |
| Besatzung | **equipaggio, l'** [ekuˈiˈpaddʒo] |
| Bodenpersonal | **personale di terra, il** [persoˈnaːle di ˈtɛrra] |
| Bordkarte | **carta d'imbarco, la** [ˈkarta dˈimˈbarko] |
| Buchung | **prenotazione, la** [prenotatˈtsioːne] |
| Charterflug | **volo charter, il** [ˈvoːlo ˈtʃartɛr] |
| Direktflug | **volo diretto, il** [ˈvoːlo diˈrɛtto] |
| einchecken | **fare il check-in** [ˈfaːre il ˈtʃɛkkin] |
| Einfuhr-genehmigung | **permesso d'importazione, il** [perˈmesso dˈimportatˈtsioːne] |
| Fenster | **finestrino, il** [finesˈtriːno] |
| fliegen | **volare** [voˈlaːre] |
| Flug | **volo, il** [ˈvoːlo] |
| Flugbegleiter | **assistente di volo, l'** [assisˈtɛnte di ˈvoːlo] |
| Fluggesellschaft | **compagnia aerea, la** [kompaŋˈɲiːa aˈɛːrea] |
| Flughafen | **aeroporto, l'** [aeroˈpɔrto] |
| Flugzeug | **aereo, l'** [aˈɛːreo] |
| Gang | **corridoio, il** [korriˈdoːio] |
| Gepäck-abfertigung | **spedizione bagagli, la** [speditˈtsioːne baˈgaʎi] |
| Gepäckausgabe | **(ri)consegna bagagli, la** [rikonˈsenja baˈgaʎi] |

| | |
|---|---|
| Halle | **hall, la/atrio, l'** [hɔːl/ˈaːtrio] |
| Handgepäck | **bagaglio a mano, il** [baˈgaʎo a ˈmaːno] |
| Inlandsflug | **volo nazionale** [ˈvoːlo nattsioˈnaːle] |
| Landung | **atterraggio, l'** [atterˈraddʒo] |
| Linienflug | **volo di linea, il** [ˈvoːlo di ˈliːnea] |
| Nebel | **nebbia, la** [ˈnebbia] |
| Nichtraucher | **non fumatori** [non fumaˈtoːri] |
| Notausgang | **uscita di emergenza, l'** [uʃˈʃiːta di emerˈdʒɛntsa] |
| Notlandung | **atterraggio di emergenza, l'** [atterˈraddʒo di emerˈdʒɛntsa] |
| Ortszeit | **ora locale, l'** [ˈoːra loˈkaːle] |
| Passagier | **passeggero, il** [passedˈdʒɛːro] |
| Pilot | **pilota, il** [piˈlɔːta] |
| pünktlich | **puntuale** [puntuˈaːle] |
| Quarantäne | **quarantena, la** [kuaranˈtɛːna] |
| Raucher | **fumatore, il** [fumaˈtoːre] |
| Reisekrankheit | **chinetosi, la** [kineˈtoːsi] |
| Schalter | **sportello, lo** [sporˈtɛllo] |
| Sicherheitskontrolle | **controllo di sicurezza, il** [konˈtrɔllo di sikuˈrettsa] |
| Spucktüte | **sacchetto igienico, il** [sakˈketto iˈdʒɛːniko] |
| Steward(ess) | **steward, lo/hostess, la** [ˈstjuard/ˈɔstes] |
| stornieren | **annullare, stornare** [annulˈlaːre/storˈnaːre] |
| Terminal | **terminale, il** [termiˈnaːle] |
| umbuchen | **cambiare la prenotazione** [kamˈbiaːre la prenotatˈtsioːne] |
| Verspätung | **ritardo, il** [riˈtardo] |
| Zwischenlandung | **scalo, lo** [ˈskaːlo] |

Ziehen Sie bitte Ihre Schuhe aus!
**Si tolga le scarpe, per favore!**
[si ˈtɔlga le ˈskarpe per faˈvoːre]

Haben Sie ein Feuerzeug bei sich?
**Ha con sé un accendino?** [a kon se un attʃenˈdiːno]

## An Bord

Würden Sie bitte mit mir den Platz tauschen?
**Cambierebbe il suo posto con il mio?**
[kamˈbierebbe ɪl sou posto kon ɪl miːo]

Bitte das Rauchen einstellen!
**Si prega di non fumare!** [si ˈprɛga di non fuˈmaːre]

Bitte legen Sie Ihre Sicherheitsgurte an!
**Si prega di allacciare le cinture di sicurezza!**
[si ˈprɛga di allaˈtʃaːre le tʃinˈtuːre di sikuˈrettsa]

Bitte stellen Sie die Rückenlehne senkrecht und klappen Sie den Tisch vor sich hoch!
**Si prega di raddrizzare lo schienale e di chiudere il tavolino!**
[si ˈprɛga di raddritˈtsaːre lo skieˈnaːle e di ˈkiuːdere il tavoˈliːno]

Wir sind in wenigen Minuten startklar.
**Tra pochi minuti saremo pronti al decollo.**
[tra ˈpɔːki miˈnuːti saˈreːmo ˈpronti al deˈkɔːllo]

Bitte schalten Sie sämtliche elektronischen Geräte aus!
**Si prega di spegnere tutti gli apparecchi elettronici.**
[si ˈprɛga di ˈspeŋjere ˈtutti ʎi appaˈrekki eletˈtrɔːnitʃi]

Sie dürfen im Flugzeug mit Ihrem Handy nicht telefonieren.
**L'uso del cellulare a bordo non è consentito.**
[luːzo del tʃelluˈlaːre a bordo non ɛ konsenˈtiːto]

Ich hätte gerne etwas zu trinken.
**Vorrei bere qualcosa.** [voˈrɛːi ˈbeːre kualˈkɔːza ]

Bitte geben Sie mir ein Mineralwasser!
**Per favore, mi dia un'acqua minerale!**
[per faˈvoːre mi ˈdia un ˈakkua mineˈraːle]
... einen Apfelsaft!
**... un succo di mela!** [un ˈsukko di ˈmeːla]
... einen Orangensaft!
**... un succo d'arancia!** [un ˈsukko dˈaˈrantʃa]
... einen Tomatensaft!
**... un succo di pomodoro!** [un ˈsukko di pomoˈdɔːro]
... einen Kaffee!
**... un caffè!** [un kafˈfɛ]

Können Sie mir etwas gegen Kopfschmerzen geben?
**Può darmi qualcosa contro il mal di testa?**
[puo ˈdaːrmi kualˈkɔːza ˈkontro il mal di ˈtɛsta]

Haben Sie Nasentropfen für mich?
**Ha delle gocce per il naso da darmi?**
[a ˈdɛlle ˈgottʃe per il ˈnaːso da ˈda ˈdaːrmi]

Mir geht es nicht gut.
**Non sto bene.** [non sto ˈbɛːne]

Könnte ich bitte noch eine Spucktüte haben?
**Potrei avere ancora un sacchetto igienico, per favore?**
[poˈtrɛi aˈveːre aŋˈkoːra un sakˈketto iˈdʒɛːniko per faˈvoːre]

Haben Sie ein Kissen für mich?
**Ha un cuscino per me?** [a un kuʃˈʃiːno per me]

Bringen Sie mir bitte eine Zeitung!
**Mi porti un giornale, per favore!**
[mi ˈporti un dʒorˈnaːle per faˈvoːre]

**Was ist das für ein Gebirge?**
**Che montagna è?** [ke monˈtaŋja ɛ]
**... Fluss?**
**... fiume è?** [ˈfiuːme ɛ]
**... See?**
**... lago è?** [ˈlaːgo ɛ]

**Wann landen wir?**
**Quando atterriamo?** [ˈkuando atterˈriaːmo]

**Werden wir pünktlich landen?**
**Atterreremo in orario?** [atterreˈreːmo in oˈraːrio]

**Wie ist das Wetter in ...?**
**Com'è il tempo a ...?** [komˈɛ il ˈtɛmpo a ]

**Kommen da noch andere Koffer von der Maschine aus ...**
**Arrivano ancora altre valigie dall'aereo da ...?**
[arˈriːvano aŋˈkoːra ˈaltre vaˈlidʒe dallˈaˈɛːreo da]

**Meine Koffer waren nicht in der Maschine aus ...**
**Le mie valigie non erano sull'aereo da ...**
[le ˈmiːe vaˈliːdʒe non ˈɛːrano sullˈaˈɛːreo da]

**Mein Koffer/meine Tasche ist beschädigt worden.**
**La mia valigia/la mia borsa è stata danneggiata.**
[la ˈmiːa vaˈliːdʒa/la ˈmiːa ˈborsa ɛ ˈstaːta dannedˈdʒaːta]

**Würden Sie bitte meinen Mann/meine Frau/meine Kinder ausrufen lassen.**
**Farebbe chiamare mio marito/mia moglie/i miei figli, per favore.**
[faˈrebbe kiaˈmaːre ˈmiːo maˈriːto/ˈmiːa ˈmoːʎe/i ˈmiɛːi ˈfiʎi per faˈvoːre]

**Wo kann ich meinen Hund/meine Katze abholen?**
**Dove posso riprendere il mio cane/il mio gatto?**
[ˈdoːve ˈpɔsso riˈprɛndere il ˈmiːo ˈkaːne/il ˈmiːo ˈgatto]

## Auf dem Schiff

Wann legt die Fähre nach ... ab?
**Quando parte il traghetto/la nave per ...?**
[ˈkuando ˈparte il traˈgetto/la ˈnaːve per]

Wie lange dauert die Überfahrt?
**Quanto dura la traversata?** [ˈkuanto ˈduːra la traverˈsaːta]

Ich möchte mein Auto mitnehmen.
**Vorrei portare con me la mia macchina.**
[vorˈrɛi porˈtaːre kon me la ˈmiːa ˈmakkina]

Wann müssen wir an Bord kommen?
**Quando dobbiamo salire a bordo?**
[ˈkuando dobˈbiaːmo saˈliːre a ˈbordo]

Ich möchte eine Einzelkabine buchen.
**Vorrei prenotare una cabina singola.**
[vorˈrɛi prenoˈtaːre ˈuːna kaˈbiːna ˈsiŋgola]

Wir hätten gerne eine Kabine für ... Personen.
**Vorremo una cabina per ... persone.**
[vorˈreːmo ˈuːna kaˈbiːna per perˈsoːne]

Wo finde ich Kabine Nr. ...?
**Dov'è la cabina numero ...?** [ˈdovˈɛ la kaˈbiːna ˈnuːmɛro]

Könnte ich eine andere Kabine bekommen?
**Potrei avere un'altra cabina?**
[poˈtrɛi aˈveːre un ˈaltra kaˈbiːna]

Haben Sie etwas gegen meine Seekrankheit?
**Ha qualcosa contro il mal di mare?**
[a kualˈkɔːza ˈkontro il mal di maːre]

Wann legen wir in ... an?
**Quando approdiamo a ...?** [ˈkuando apˈprodiaːmo a]

## Vokabeln

| | |
|---|---|
| Anlegestelle | **approdo/attracco, l'** [apˈprɔːdo/atˈtrakko] |
| backbord | **a babordo** [baˈboːrdo] |
| Deck | **ponte, il/coperta, la** [ˈponte/koˈpɛːrta] |
| Fähre | **traghetto, il** [traˈgetto] |
| Festland | **terraferma, la** [terraˈfeːrma] |
| Hafen | **porto, il** [ˈpɔːrto] |
| Insel | **isola, l'** [ˈiːzola] |
| Kabine | **cabina, la** [kaˈbiːna] |
| Kai | **banchina, la** [baŋˈkiːna] |
| Kanal | **canale, il** [kaˈnaːle] |
| Kapitän | **capitano, il** [kapiˈtaːno] |
| Küste | **costa, la** [ˈkɔsta] |
| Liegestuhl | **(sedia a) sdraio, la** [ˈsɛdia a ˈzdraːio] |
| Rettungsboot | **scialuppa di salvataggio, la** [ʃaˈluppa di salvaˈtaddʒo] |
| Rettungsring | **salvagente, il** [salvaˈdʒɛnte] |
| Rundfahrt | **giro, il** [ˈdʒiːro] |
| Schwimmweste | **giubbotto di salvataggio, il** [dʒubˈbɔtto di salvaˈtaddʒo] |
| Seegang | **moto ondoso, il** [mɔːto onˈdoːso] |
| seekrank | **che ha il mal di mare** [ke a il mal di ˈmaːre] |
| Sonnendeck | **ponte passeggiata, il** [ˈponte passedˈdʒaːta] |
| Speisesaal | **sala da pranzo, la** [ˈsaːla da ˈprandzo] |
| steuerbord | **tribordo, il** [triˈboːrdo] |
| Ufer | **riva, la/sponda, la** [ˈriːva/ˈsponda] |

# Übernachtung

## Im Hotel

**Ich suche eine Pension/ein günstiges Hotel.**
**Cerco una pensione/un albergo conveniente.**
[ˈtʃerko ˈuːna penˈsioːne/un alˈbɛrgo konveˈniente]

**Können Sie mir ein gutes Hotel empfehlen?**
**Può consigliarmi un buon albergo?**
[ˈpuɔ konsilˈʎaːrmi un ˈbuɔn alˈbɛrgo]

**Wie komme ich zum Hotel ...?**
**Come si arriva all'albergo ...?**
[ˈkoːme si arˈriːva al alˈbɛrgo]

**Ich habe ein Zimmer auf den Namen ... reserviert.**
**Ho prenotato una camera al nome ...**
[ɔ prenoˈtaːto ˈuːna ˈkaːmera al ˈnoːme]

**Sind bei Ihnen noch Zimmer frei?**
**Ha ancora delle camere libere?**
[a aŋˈkoːra ˈdelle ˈkaːmere ˈliːbere]

**Haben Sie ein Doppelzimmer/ein Einzelzimmer?**
**Ha una camera doppia/singola?**
[a ˈuːna ˈkaːmera ˈdoppia/ˈsiŋgola]

**Wie haben leider keine Zimmer mehr frei.**
**Purtroppo non abbiamo più camere libere.**
[purˈtrɔppo non abˈbiaːmo ˈpiu ˈkaːmere ˈliːbere]

**Ab morgen werden wieder Zimmer frei sein.**
**Da domani ci saranno di nuovo delle camere libere.**
[da doˈmaːni tʃi saˈranno di ˈnuɔːvo ˈdelle ˈkaːmere ˈliːbere]

Ich hätte gerne ein Zimmer für ... Nächte/Wochen.
**Vorrei una camera per ... notti/settimane.**
[vorˈrɛi ˈuːna ˈkaːmera per ˈnɔtti/settiˈmaːne]
... mit Dusche. **... con doccia.** [kon ˈdottʃa]
... mit Bad. **... con bagno.** [kon ˈbaŋŋjo]
... mit Klimaanlage.
**... con l'aria condizionata.** [kon ˈlaria konditsioˈnaːta]
... mit Blick aufs Meer.
**... con vista sul mare.** [kon ˈvista sul ˈmaːre]

Wie viel kostet das Zimmer?
**Quanto costa la camera?** [ˈkuanto ˈkɔsta la ˈkaːmera]
... pro Nacht? **... a notte?** [a ˈnɔtte]
... pro Person? **... per persona?** [per perˈsoːna]
... mit Frühstück? **... con la colazione?** [kon la kolatˈtsioːne]
... mit Halbpension?
**... con la mezza pensione?** [kon la ˈmɛddza penˈsioːne]
... mit Vollpension?
**... con la pensione completa?**
[kon la penˈsioːne komˈplɛːta]

Kann ich mir das Zimmer ansehen?
**Posso vedere la camera?** [ˌpɔsso veˈdeːre la ˈkaːmera]

Es ist in Ordnung. Ich nehme es.
**Va bene. La prendo.** [va ˈbɛːne la ˈprɛndo]

Ich überlege es mir noch einmal.
**Ci penso ancora un po'.** [tʃi ˈpenso aŋˈkoːra un pɔ]

Wäre es möglich, noch ein drittes Bett dazuzustellen?
**Sarebbe possibile aggiungere un terzo letto?**
[saˈrebbe posˈsibile adˈdʒundʒere un ˈtɛrtso ˈlɛtto]

Ich hätte gerne ein ruhigeres Zimmer.
**Vorrei una camera più silenziosa.**
[vorˈrɛːi ˈuːna ˈkaːmera ˈpiu silenˈtsioːsa]

Könnten wir zwei Zimmer haben, die nebeneinander liegen?
**Possiamo avere due camere adiacenti?**
[posˈsiaːmo aˈveːre ˈduːe ˈkaːmere adiaˈtʃɛnti]

Bitte füllen Sie dieses Anmeldeformular aus!
**Riempia questo modulo, per favore.**
[riemˈpia ˈkuesto ˈmɔdulo per faˈvoːre]

Bitte geben Sie mir Ihren Personalausweis!
**Mi dia il Suo documento d'identità, per favore.**
[mi ˈdiːa il ˈsuːo dokuˈmento di identiˈta per faˈvoːre]

Ab wann können wir in unser Zimmer?
**Quando possiamo avere la camera?**
[ˈkuando posˈsiaːmo aˈveːre la ˈkaːmera]

Wann ist unser Zimmer fertig?
**Quando sarà pronta la nostra camera?**
[ˈkuando saˈra ˈpronta la ˈnɔstra ˈkaːmera]

Sind das Ihre Koffer?
**Sono le Sue valigie queste?**
[ˈsoːno le ˈsuːe vaˈliːdʒe ˈkueste]

Können Sie mir die Koffer auf mein Zimmer bringen lassen?
**Può farmi portare le valigie in camera?**
[ˈpuɔ ˈfarmi porˈtaːre le vaˈliːdʒe in ˈkaːmera ]

Kann ich mein Gepäck hier stehen lassen?
**Posso lasciare i miei bagagli qui?**
[ˈpɔsso laʃˈʃaːre i ˈmiɛːi baˈgaːʎi ˈkuˈi]

Der Aufzug ist dort drüben.
**L'ascensore è laggiù.** [lˈaʃʃenˈsoːre ɛ ladˈdʒu]

Wo kann ich hier mein Auto parken?
**Dove posso parcheggiare la macchina?**
[ˈdoːve ˈpɔsso parkedˈdʒaːre la ˈmakkina]

**Dürfen wir unseren Hund/unsere Katze mitbringen?**
**Possiamo portare il nostro cane/gatto?**
[posˈsiaːmo porˈtaːre il ˈnɔstro ˈkaːne/ˈgatto]

**Hat Ihr Hotel einen Fitnessraum?**
**Il Suo albergo ha una palestra?**
[il ˈsuːo alˈbɛrgo a ˈuːna paˈlɛːstra]
**... eine Sauna? ... una sauna?** [ˈuːna ˈsaːuna]
**... ein Schwimmbad? ... una piscina?** [ˈuːna piʃˈʃiːna]
**... einen Wellnessbereich?**
**... uno spazio wellness?** [ˈuːno ˈspattsio ˈuellnɛs]
**... ein Solarium? ... un solarium?** [un soˈlaːrium]

**Hotelgäste dürfen den Wellnessbereich kostenlos benutzen.**
**Gli ospiti dell'albergo possono utilizzare lo spazio wellness gratuitamente.**
[ʎi ɔsˈpiti dellˈalˈbɛrgo ˈpɔssono utilidˈdʒaːre lo ˈspattsio ˈuellnɛs gratuːitaˈmente]

**Haben Sie einen Masseur im Haus?**
**C'è un massaggiatore nell'albergo?**
[tʃɛ un massaddʒaˈtoːre nellˈ alˈbɛrgo]

**Bademäntel können gegen eine geringe Leihgebühr ausgeliehen werden.**
**Si possono noleggiare degli accappatoi a prezzo modico.**
[si ˈpɔssono noledˈdʒaːre ˈdeːʎi akkappaˈtoːi a ˈprɛttso ˈmɔːdiko]

**Sie können von Ihrem Zimmer direkt nach Deutschland telefonieren.**
**Può telefonare direttamente in Germania dalla Sua camera.**
[ˈpuɔ telefoˈnaːre in dʒerˈmaːnia direttaˈmente ˈdalla ˈsuːa ˈkaːmera]

**Sie erhalten eine Amtsleitung, indem Sie vorher die Null wählen.**
**Componendo prima lo zero ottiene una linea diretta.**
[kompoˈnendo ˈpriːma lo ˈdzɛːro otˈtieːne ˈuːna ˈliːnɛa diˈrɛtta]

**Telefonate im Haus sind kostenlos.**
**Le telefonate all'interno dell'albergo sono gratuite.**
[le telefoˈnaːte allˈinˈtɛrno dellˈalˈbɛrgo ˈsoːno graˈtuːite]

**Für den Safe/den Schlüssel müssen Sie eine Kaution bei uns hinterlegen.**
**Per la cassaforte/chiave deve versare una cauzione.**
[per la kassaˈfɔrte/ˈkiaːve ˈdːve verˈsaːre ˈuːna kauˈtsioːne]

**Bitte schließen Sie beim Verlassen des Zimmers alle Fenster.**
**Per favore, chiuda tutte le finestre quando lascia la camera.**
[per faˈvoːre ˈkiuːda ˈtutte le fiˈnɛstre ˈkuando ˈlaʃʃa la ˈkaːmera]

**Kann ich hier im Hotel meinen Anzug reinigen lassen?**
**Posso fare lavare il mio abito qui nell'albergo?**
[ˈpɔsso ˈfaːre laˈvaːre il ˈmiːo ˈaːbito ˈkuˈi nellˈalˈbɛrgo]

**Wo kann ich mein Kleid bügeln lassen?**
**Dove posso fare stirare il mio vestito?**
[ˈdoːve ˈpɔsso ˈfaːre stiˈraːre il ˈmiːo veˈstiːto]

**Hat das Hotel einen direkten Zugang zum Meer?**
**L'albergo ha accesso diretto al mare?**
[lˈalˈbɛrgo a atˈtʃɛsso diˈrɛtto al ˈmaːre]

**Gibt es einen hoteleigenen Strand?**
**L'albergo ha una spiaggia privata?**
[lˈalˈbɛrgo a ˈuːna ˈspiaddʒa priˈvaːta]

**Wann kann man frühstücken?**
**Quando si può fare colazione?**
[ˈkuando si ˈpuɔ ˈfaːre kolatˈtsioːne]
**... Mittag essen? ... pranzare?** [pranˈdzaːre]
**... Abend essen? ... cenare?** [tʃeˈnaːre]

**Wo ist der Speisesaal/Frühstücksraum?**
**Dove è la sala da pranzo/la sala per la prima colazione?**
[ˈdoːve ɛ la ˈsaːla da ˈprandzo/la ˈsaːla per la ˈpriːma kolatˈtsioːne]

**Können Sie uns das Frühstück bitte im Zimmer servieren?**
**Ci può servire la colazione in camera, per favore?**
[tʃi ˈpuɔ serˈviːre la kolatˈtsioːne in ˈkaːmera per faˈvoːre]

**Wir möchten nicht gestört werden.**
**Non vogliamo essere disturbati.**
[non voʎaːmo ˈɛssere disturˈbaːti]

**Haben Sie einen Hotelsafe?**
**L'albergo ha una cassaforte?**
[lˈalˈbɛrgo a ˈuːna kassaˈfɔrte]

**Ich möchte meine Wertsachen im Hotelsafe deponieren.**
**Vorrei depositare i miei oggetti di valore nella cassaforte dell'albergo.**
[vorˈrɛi deˈposiˈtaːre i ˈmiɛːi odˈdʒɛtti di vaˈloːre ˈnella kassaˈfɔrte dellˈalˈbɛrgo]

**Auf unserem Zimmer fehlen die Handtücher.**
**Nella nostra camera mancano gli asciugamani.**
[ˈnella ˈnɔstra ˈkaːmera ˈmankano ʎi aʃʃugaˈmaːni]

**Wir benötigen frische Handtücher.**
**Abbiamo bisogno di asciugamani puliti.**
[abˈbiaːmo biˈzoŋŋjo di aʃʃugaˈmaːni puˈliːti]

Jeden Mittwoch werden die Handtücher gewechselt.
**Gli asciugamani vengono cambiati ogni mercoledì.**
[ʎi aʃʃugaˈmaːni ˈvɛngono kamˈbiaːti ˈoːɲi merkoleˈdi]

Unsere Betten sind noch nicht bezogen.
**I nostri letti non sono ancora fatti.**
[i ˈnɔstri ˈlɛtti non ˈsoːno aŋˈkoːra ˈfatti]

Ist es möglich, eine zusätzliche Decke zu bekommen?
**È possibile avere un' altra coperta?**
[ɛ posˈsibile aˈveːre ˈuːnaltra koˈpɛrta]

Das Fenster geht nicht auf/zu.
**La finestra non si apre/chiude.**
[la fiˈnɛstra non si ˈapre/ˈkiuːde]

Aus dem Hahn kommt kein (warmes) Wasser.
**Dal rubinetto non esce acqua calda.**
[dal rubiˈnetto non ˈeʃʃe ˈakkua ˈkalda]

Geben Sie mir bitte meinen Zimmerschlüssel!
**Mi dia la chiave della mia camera, per favore!**
[mi ˈdiːa la ˈkiaːve ˈdella ˈmiːa ˈkaːmera per faˈvoːre]

Ich habe meinen Zimmerschlüssel verloren.
**Ho perso la chiave della mia camera.**
[ɔ ˈpɛrso la ˈkiaːve ˈdɛlla ˈmiːa ˈkaːmera]
... versehentlich im Zimmer gelassen.
**Per sbaglio, ho dimenticato la chiave in camera.**
[per ˈzbaːʎo ɔ dimentiˈkaːto la ˈkiaːve in ˈkaːmera]

Haben Sie eine Nachricht für mich?
**Ci sono messaggi per me?** [tʃi soːno mesˈsaddʒi per me]

Ab 10 Uhr können Sie an der Rezeption Ihre Post abholen.
**Può ritirare la Sua posta alla reception dalle 10 in poi.**
[ˈpuɔ ritiˈraːre la ˈsuːa ˈpɔsta ˈalla riˈsepʃon ˈdalle ˈdiɛːtʃi in ˈpɔːi]

Wir würden gerne unseren Aufenthalt um ... Tage verlängern.
**Vorremmo prolungare il nostro soggiorno di ... giorni.**
[vorˈremmo proluŋˈgaːre il ˈnɔstro sodˈdʒorno di ˈdʒorni]

## Abreise

Wir reisen morgen ab.
**Partiamo domani.** [parˈtiaːmo doˈmaːni]

Wir möchten einen Tag früher abreisen.
**Vogliamo partire un giorno prima.**
[voʎaːmo parˈtiːre un ˈdʒorno ˈpriːma]

Bitte machen Sie die Rechnung für mich fertig.
**Mi prepari il conto, per favore.**
[mi preˈpaːri ɪl ˈkonto per faˈvoːre]

Kann ich mit Kreditkarte bezahlen?
**Posso pagare con la carta di credito?**
[ˈpɔsso paˈgaːre kon la ˈkarta di ˈkreːdito]

Bis wann müssen wir am Abreisetag das Zimmer räumen?
**Entro che ora dobbiamo lasciare la camera il giorno della partenza?**
[ˈentro ke ˈoːra dobˈbiaːmo laʃˈʃaːre la ˈkaːmera il ˈdʒorno ˈdɛlla parˈtɛntsa]

Bitte räumen Sie am Abreisetag bis 10 Uhr die Zimmer.
**Il giorno della partenza, lasci la camera entro le 10, per favore.**
[il ˈdʒorno ˈdella parˈtɛntsa ˈlaʃʃi la ˈkaːmera ˈentro le ˈdiɛːtʃi per faˈvoːre]

Wir haben uns sehr wohl bei Ihnen/in Ihrem Haus gefühlt.
**Siamo stati molto bene nel Suo albergo.**
[ˈsiaːmo ˈstaːti ˈmolto ˈbɛːne nel ˈsuːo alˈbɛrgo]

## Vokabeln

| | |
|---|---|
| Abendessen | **cena, la** [tʃeːna] |
| Abreise | **partenza, la** [parˈtɛntsa] |
| Ankunft | **arrivo, l'** [arˈriːvo] |
| Anzahlung | **acconto, l'** [akˈkonto] |
| Aufzug | **ascensore, il** [aʃʃenˈsoːre] |
| Aussicht | **vista, la** [ˈvista] |
| Badezimmer | **stanza da bagno, la** [ˈstantsa da ˈbaŋŋjo] |
| Balkon | **balcone, il** [balˈkoːne] |
| Beistellbett | **letto aggiunto, il** [ˈlɛtto adˈdʒunto] |
| Bett | **letto, il** [ˈlɛtto] |
| Bettdecke | **coperta, la** [koˈpɛrta] |
| Bettwäsche | **lenzuola, le** [lenˈtsuɔːla] |
| Büffet | **buffet, il** [byˈfɛ] |
| Doppelbett | **letto a due piazze, il/ letto matrimoniale, il** [ˈlɛtto a ˈduːe ˈpiattse/ ˈlɛtto matrimoˈniaːle] |
| Dusche | **doccia, la** [ˈdottʃa] |
| Einzelzimmer | **camera singola, la** [ˈkaːmera ˈsiŋgola] |
| Erdgeschoss | **pianterreno, il** [pianterˈreːno] |
| Etage | **piano, il** [ˈpiaːno] |
| Fenster | **finestra, la** [fiˈnɛstra] |
| Ferienwohnung | **casa di villeggiatura, la** [ˈkaːsa di villeddʒaˈtuːra] |
| Fernseher | **televisore, il** [televiˈzoːre] |
| Flur | **corridoio, il** [korriˈdoːio] |
| frisch | **fresco/pulito (sauber)** [ˈfresko/puˈliːto] |
| Frühstück | **colazione, la** [kolatˈtsioːne] |

| | |
|---|---|
| Hauptsaison | **alta stagione, la** [ˈalta staˈdʒoːne] |
| Heizung | **riscaldamento, il** [riskaldaˈmento] |
| Hotelpersonal | **personale dell'albergo, il** [persoˈnaːle del alˈbɛrgo] |
| Kinderbett | **lettino per bambini, il** [letˈtiːno per bamˈbiːni] |
| Klimaanlage | **aria condizionata, l'** [ˈaːrɪa konditsioˈnaːta] |
| Kühlschrank | **frigorifero, il** [frigoˈriːfero] |
| Matratze | **materasso, il** [mateˈrasso] |
| Nachsaison | **bassa stagione, la** [ˈbassa staˈdʒoːne] |
| Nebensaison | **bassa stagione, la** [ˈbassa staˈdʒoːne] |
| Pension | **pensione, la** [penˈsioːne] |
| Portier | **portiere, il** [poˈrtiɛːre] |
| reinigen | **pulire** [puˈliːre] |
| reparieren | **riparare** [ripaˈraːre] |
| Reservierung | **prenotazione, la** [prenotatˈtsioːne] |
| Rezeption | **reception, la** [riˈsepʃon] |
| Schlafsack | **sacco a pelo, il** [ˈsakko a ˈpeːlo] |
| Speisezimmer | **sala da pranzo, la** [ˈsaːla da ˈprandzo] |
| Stockwerk | **piano, il** [ˈpiaːno] |
| Telefon | **telefono, il** [teˈlɛːfono] |
| Übernachtung | **pernottamento, il** [pernottaˈmento] |
| Vorsaison | **bassa stagione, la** [ˈbassa staˈdʒoːne] |
| Zimmerservice | **servizio in camera, il** [serviˈttsio in ˈkaːmera] |
| Zweibettzimmer | **camera doppia, la** [ˈkaːmera ˈdoppia] |

## Auf dem Campingplatz

**Gibt es hier in der Nähe einen Campingplatz?**
**C'è un campeggio nelle vicinanze?**
[tʃɛ un kamˈpeddʒo ˈnelle vitʃiˈnantse]

**Ich hätte gern einen Campingführer.**
**Vorrei una guida dei campeggi.**
[vorˈrɛi ˈuːna ˈguiːda ˈdeːi kamˈpeddʒi]

**Vermieten Sie Wohnwagen/Bungalows?**
**Noleggia delle roulotte/dei bungalows?**
[noˈleddʒa ˈdelle ruˈlɔt/ˈdeːi ˈbungalov]

**Haben Sie noch Platz für ein Zelt?**
**Ha ancora posto per una tenda?**
[a aŋˈkoːra ˈpɔsto per ˈuːna ˈtɛnda]
**... ein Auto mit Wohnwagen?**
**... una macchina con roulotte?**
[ˈuːna ˈmakkina kon ruˈlɔt]
**... ein Wohnmobil? ... un camper?** [un ˈkamper]

**Wie hoch ist die Gebühr für ... Erwachsene und ... Kinder?**
**Quanto si paga per ... adulti e ... bambini?**
[ˈkuanto si ˈpaːga per aˈdulti e bamˈbiːni]

**Ist der Campingplatz nachts bewacht?**
**Il campeggio è custodito di notte?**
[il kamˈpeddʒo ɛ kustoˈdiːto di ˈnɔtte]

**Wir möchten einen Tag/... Tage bleiben.**
**Vorremmo restare un giorno/... giorni.**
[vorˈremmo resˈtaːre un dʒorno/dʒorni]

**Wie lautet Ihr Autokennzeichen?**
**Quale è il Suo numero di targa?**
[ˈkuaːle ɛ il ˈsuːo ˈnuːmero di ˈtarga]

Dürfen wir auf Ihrem Grundstück zelten?
**Possiamo campeggiare sul Suo terreno?**
[posˈsiaːmo kampedˈdaːre ˈsul ˈsuːo terˈreːno]

Wo kann ich meinen Wohnwagen/mein Zelt hinstellen?
**Dove posso mettere la mia roulotte/tenda?**
[ˈdoːve ˈpɔsso ˈmettere la ˈmiːa ˈrulɔt/ˈtɛnda]

Wo sind die Waschräume/die Toiletten?
**Dove sono i lavatoi/le toilette?**
[ˈdoːve ˈsoːno i lavaˈtoːi/le toaˈlɛt]

Kostet das Duschen extra?
**Per fare la doccia si paga a parte?**
[per ˈfaːre la ˈdɔttʃa si ˈpaːga a paːrte]

Haben Sie Gasflaschen?
**Ha delle bombole di gas?** [a ˈdelle ˈbombole di gas]

Wo kann ich die Batterien für den Wagen aufladen?
**Dove posso ricaricare le batterie della macchina?**
[ˈdoːve ˈpɔsso rikariˈkaːre le batteˈriːe ˈdella ˈmakkina]
... frisches Wasser nachfüllen?
**... riempire le bottiglie di acqua fresca?**
[riemˈpiːre le botˈtiːʎe di ˈakkua ˈfrɛska]
... die Chemietoilette entsorgen?
**... lavare la toilette chimicha?** [laˈvaːre la toaˈlɛt ˈkiːmika]
... das Abwasser entsorgen?
**... buttare l'acqua di scarico?** [butˈtaːre lˈakkua di ˈskaːriko]

Wo bekomme ich Trinkwasser?
**Dove trovo dell'acqua potabile?**
[ˈdoːve ˈtrɔːvo ˈdell ˈakkua poˈtaːbile]

Gibt es hier einen Stromanschluss?
**C'è una presa di corrente?**
[tʃɛ ˈuːna ˈpreːsa di korˈrɛnte]

## Vokabeln

| | |
|---|---|
| Abmeldung | **disdetta, la** [dizˈdetta] |
| Anmeldung | **preavviso, il** [preavˈviːzo] |
| aufstellen | **montare** [monˈtaːre] |
| ausleihen | **prendere in prestito** [ˈprɛndere in ˈprɛstito] |
| Batterien | **batterie, le** [batteˈriːe] |
| Benutzungsgebühr | **tariffa per l'uso, la** [taˈiffa per lˈuːzo] |
| Besteck | **posate, le** [poˈsaːte] |
| Campingausweis | **tessera per il campeggio, la** [ˈtɛssera per il kamˈpeddʒo] |
| Campingliege | **sedia a sdraio da campeggio, la** [ˈsɛːdia a ˈzdraːio da kamˈpeddʒo] |
| Campingplatz | **campeggio, il** kamˈpeddʒo |
| Campingstuhl | **sedia da campeggio, la** [ˈsɛːdia da kamˈpeddʒo] |
| Decke | **coperta, la** [koˈpɛrta] |
| Dosenöffner | **apriscatole, l'** [apriˈskaːtole] |
| Dusche | **doccia, la** [ˈdottʃa] |
| Eimer | **secchio, il** [ˈsekkio] |
| Feuerholz | **legna da ardere, la** [ˈleŋŋja da ˈardere] |
| Feuerzeug | **accendino, l'** [attʃenˈdiːno] |
| Gasflasche | **bombola di gas, la** [ˈbombola di gas] |
| Gaskartusche | **cartuccia del gas, la** [karˈtuttʃa del gas] |
| Gaskocher | **fornello a gas, il** [ forˈnɛllo a gas] |
| Gaslampe | **lampada a gas, la** [ˈlampada a gas] |
| Geschirrspülbecken | **lavandino per i piatti, il** [lavanˈdiːno per i ˈpiatti] |
| Gitarre | **chitarra, la** [kiˈtarra] |

| | |
|---|---|
| Grillkohle | **carbone per il grill, il** [karˈboːne per il gril] |
| Hammer | **martello, il** [marˈtɛllo] |
| Hering | **picchetto, il** [pikˈketto] |
| Isomatte | **stuoia isolante, la** [stuˈoːia izoˈlante] |
| Kerzen | **candele, le** [kanˈdeːle] |
| Kocher | **fornello, il** [forˈnɛllo] |
| Kochgeschirr | **stoviglie, le** [stoˈviːʎe] |
| Kochstelle | **cucina all'aperto, la** [kuˈtʃiːna all aˈpɛrto] |
| Kochtopf | **pentola, la** [ˈpentola] |
| Kompass | **bussola, la** [ˈbussola] |
| Kühltasche | **borsa termica, la** [ˈborsa ˈtɛrmika] |
| Lagerfeuer | **fuoco da campo, il** [ˈfuɔːko da ˈkampo] |
| leihen | **prendere in prestito** [ˈprɛndere in ˈprɛstito] |
| Leihgebühr | **tariffa di nolo, la** [taˈriffa di ˈnɔːlo] |
| Luftmatratze | **materassino gonfiabile, il** [materasˈsiːno gonˈfiaːbile] |
| nachfüllen | **riempire** [riemˈpiːre] |
| Petroleumlampe | **lampada a petrolio, la** [ˈlampada a peˈtrɔːlio] |
| Pfanne | **padella, la** [paˈdɛlla] |
| Plastikbecher | **bicchiere di plastica, il** [bikˈkiɛːre di ˈplastika] |
| Plastikbesteck | **posate di plastica, le** [poˈsaːte di ˈplastika] |
| Plastikteller | **piatto di plastica, il** [ˈpiatto di ˈplastika] |
| Propangas | **gas propano, il** [gas proˈpaːno] |
| Putzmittel | **detersivo, il** [deterˈsiːvo] |
| Schlafsack | **sacco a pelo, il** [ˈsakko a ˈpeːlo] |

| | |
|---|---|
| singen | **cantare** [kanˈtaːre] |
| Spiritus | **alcol, l'** [ˈalkɔːl] |
| Spülmittel | **detersivo per le stoviglie, il** [deterˈsiːvo per le stoˈviːʎe] |
| Steckdose | **presa, la** [ˈpreːsa] |
| Stellplatz | **posto auto, il** [ˈpɔsto ˈaːuto] |
| Strom | **corrente, la** [korˈrɛnte] |
| Taschenlampe | **pila, la** [ˈpiːla] |
| Taschenmesser | **coltellino a serramanico, il** [koltelˈliːno a serraˈmaːniko] |
| Tauchsieder | **bollitore, il** [bolliˈtoːre] |
| Topf | **pentola, la** [ˈpentola] |
| Trinkwasser | **acqua potabile, l'** [ˈakkua poˈtaːbile] |
| vermieten | **noleggiare** [noledˈdʒaːre] |
| Vorzelt | **tenda veranda, la** [ˈtɛnda veˈranda] |
| Wagen | **macchina, la** [ˈmakkina] |
| Wäscheklammer | **molletta da bucato, la** [molˈletta da buˈkaːto] |
| Wäscheleine | **corda per il bucato, la** [ˈkɔːrda per il buˈkaːto] |
| waschen | **lavare** [laˈvaːre] |
| Wäschetrockner | **asciugabiancheria, l'** [aʃˈʃuːgabiaŋkeriːa] |
| Waschmaschine | **lavatrice, la** [lavaˈtriːtʃe] |
| Waschmittel | **detersivo, il** [deterˈsiːvo] |
| Wasserkanister | **tanica dell'acqua, la** [ˈtaːnika ˈdell ˈakkua] |
| Windlicht | **lanterna a candela, la** [lanˈtɛrna a kanˈdelːla] |
| Wohnmobil | **camper, il** [ˈkamper] |
| Zelt | **tenda, la** [ˈtɛnda] |
| zelten | **campeggiare** [kampedˈdʒaːre] |

# Sehenswürdigkeiten

Gibt es hier ein Fremdenverkehrsamt?
**C'è un ufficio di informazioni qui vicino?**
[tʃɛ un uf'fiːtʃo di informatsi'oːni ku'i vɪ'tʃiːno]

Haben Sie einen Stadtplan?
**Ha una pianta della città?** [a 'uːna 'pianta 'della tʃit'ta]

Welche Sehenswürdigkeiten gibt es hier?
**Cosa c'è di bello da vedere qui?**
[kɔːza tʃɛ di bɛllo da ve'deːre ku'i]

Wir sind nur kurz in der Stadt. Welche Sehenswürdigkeiten empfehlen Sie uns?
**Restiamo poco in città. Cosa ci consiglia di visitare?**
[re'stiaːmo pɔːko ɪn tʃit'ta kɔːza tʃi konsiːʎa di vizi'tare]

Wann ist ... geöffnet?
**Quando è aperto ...?** ['kuando ɛ a'pɛrto]

Wann wird ... geschlossen?
**Quando chiude ...?** ['kuando 'kiuːde]

Wann findet ... statt?
**Quando ha luogo ...?** ['kuando a 'luɔːgo]

Ich möchte gerne ... besichtigen.
**Vorrei visitare ...** ['vor'rɛi visi'taːre]

Kostet das Eintritt?
**Si paga l'entrata?** [si 'paːga l'en'traːta]

Bieten Sie auch eine deutsche Führung an?
**Avete anche una visita guidata in tedesco?**
[a'veːte 'aŋke 'uːna 'viːzita 'guidaːta in te'desko]

Können Sie mir bitte sagen, wann die Führung beginnen wird?
**Può dirmi, per favore, quando inizia la visita guidata?**
[ˈpuɔ diːrmi per faˈvoːre ˈkuando iˈnittsia la ˈviːzita ˈguidaːta]

Wo beginnt die Führung?
**Dove inizia la visita guidata?**
[ˈdoːve iˈnittsia la ˈviːzita guidaːta]

Wir möchten eine Stadtrundfahrt machen.
**Vorremmo fare un giro (turistico) della città.**
[vorˈremmo ˈfaːre un dʒiːro tuˈristiko ˈdɛlla tʃitˈta]

Welche Ausflüge bieten Sie an?
**Quali escursioni proponete?**
[ˈkuaːli eskurˈsioːni ˈproponeːte]

Wir möchten uns für die Tagestour nach … anmelden.
**Vorremmo iscirverci alla gita di un giorno a …**
[vorˈremmo isˈkriversi aˈla dʒiːta di un ˈdʒorno a]

Wann/wo fahren wir los?
**Quando/dove si parte?** [ˈkuando/ˈdoːve si ˈparte]

Wann kommen wir zurück?
**Quando ritorniamo?** [ˈkuando ritorˈniaːmo]

Was für ein Platz/Gebäude ist das?
**Che piazza/edificio è?** [ke ˈpiattsa/ediˈfiːtʃo ɛ]

Ist das …? **È …?** [ɛ]

Darf man hier fotografieren/filmen?
**È permesso fotografare/filmare qui?**
[ɛ perˈmesso fotograˈfaːre/filˈmaːre kuˈi]

## Vokabeln

| | |
|---|---|
| Abtei | **abbazia, l'** [abbat'tsiːa] |
| Altar | **altare, l'** [al'taːre] |
| Altstadt | **centro storico, il** ['tʃɛntro 'stɔːriko] |
| Anmeldung | **iscrizione, l'** [iskrit'tsioːne] |
| Architektur | **architettura, l'** [arkitet'tuːra] |
| antik | **antico** [an'tiːko] |
| Ausflugsprogramm | **programma dell'escursione, il** [pro'gramma dell'eskur'sioːne] |
| Ausgrabungen | **scavi, gli** ['skaːvi] |
| Aussichtspunkt | **belvedere, il** [belve'deːre] |
| Ausstellung | **esposizione, l'/mostra, la** [espozit'tsioːne/'mostra] |
| Barock | **barocco, il** [ba'rɔkko] |
| Basilika | **basilica, la** [ba'ziːlika] |
| Bauwerk | **edificio, l'/costruzione, la** [edi'fiːtʃo/kostrut'tsioːne] |
| besichtigen | **visitare** [vizi'taːre] |
| Bild | **quadro, il/dipinto, il** ['kuaːdro/di'pinto] |
| Bootsfahrt | **gita in barca, la** ['dʒiːta in 'barka] |
| Botanischer Garten | **giardino, il/orto botanico, l'** [dʒar'diːno/'ɔrto bo'taːniko] |
| Brücke | **ponte, il** ['ponte] |
| Brunnen | **fontana, la** [fon'taːna] |
| Burg | **castello, il** [kas'tɛllo] |
| Denkmal | **monumento, il** [monu'mento] |
| Dom | **duomo, il** ['duɔːmo] |
| Fassade | **facciata, la** [fat'tʃaːta] |
| Festung | **fortezza, la** [for'tettsa] |

| | |
|---|---|
| Fluss | **fiume, il** [ˈfiuːme] |
| Fresko | **affresco, l'** [afˈfresko] |
| Friedhof | **cimitero, il** [tʃimiˈtɛːro] |
| Fußgängerzone | **zona pedonale, la** [ˈdzɔːna pedoˈnaːle] |
| Führer | **guida, la** [ˈguiːda] |
| Führung | **visita guidata, la** [ˈviːzita guidaːta] |
| Galerie | **galleria, la** [galleˈriːa] |
| Gebäude | **edificio, l'** [ediˈfiːtʃo] |
| geöffnet | **aperto** [aˈpɛrto] |
| geschlossen | **chiuso** [ˈkiuːso] |
| gotisch | **gotico** [ˈgɔːtiko] |
| Gruppen-ermäßigung | **sconto comitiva, lo** [ˈskonto komiˈtiːva] |
| Hafen | **porto, il** [ˈpɔːrto] |
| Jahrhundert | **secolo, il** [ˈsɛːkolo] |
| Jugendstil | **stile Liberty, lo** [ˈstiːle ˈliːberti] |
| Kathedrale | **cattedrale, la** [katteˈdraːle] |
| Kirche | **chiesa, la** [ˈkiɛːza] |
| Kloster | **convento, il/monastero, il** [konˈvɛnto/monasˈtɛːro] |
| Kreuzgang | **chiostro, il** [ˈkiɔːstro] |
| Krypta | **cripta, la** [ˈkripta] |
| Künstler | **artista, l'** [arˈtista] |
| Kuppel | **cupola, la** [ˈkuːpola] |
| Markt | **mercato, il** [merˈkaːto] |
| mittelalterlich | **medievale** [medieˈvaːle] |
| Mosaik | **mosaico, il** [moˈzaːiko] |
| Museum | **museo, il** [muˈzɛːo] |
| Öffnungszeiten | **orari di apertura, gli** [ɔˈraːri di aperˈtuːra] |
| Palast | **palazzo, il** [paˈlattso] |

| | |
|---|---|
| Park | **parco, il** [ˈparko] |
| Planetarium | **planetario, il** [planeˈtaːrio] |
| Platz | **piazza, la** [ˈpiattsa] |
| Rathaus | **municipio, il** [muniˈtʃiːpio] |
| Renaissance | **Rinascimento, il** [rinaʃʃiˈmento] |
| romanisch | **romanico** [roˈmaːniko] |
| Ruine | **rovina, la** [roˈviːna] |
| Säule | **colonna, la** [koˈlonna] |
| Schloss | **castello, il** [kasˈtɛllo] |
| See | **lago, il** [ˈlaːgo] |
| Stadion | **stadio, lo** [ˈstaːdio] |
| Städteführer | **guida della città, la** [ˈguiːda ˈdella tʃitˈta] |
| Stadtmauer | **mura cittadine, le** [ˈmuːra tʃittaˈdiːne] |
| Stadtplan | **pianta della città, la** [ˈpianta ˈdella tʃitˈta] |
| Stadtrundfahrt | **giro (turistico) della città, il** [ˈdʒiːro tuˈristiko ˈdella tʃitˈta] |
| Stadtteil | **zona della città, la** [ˈdzɔːna ˈdella tʃitˈta] |
| Stadttor | **porta della città, la** [ˈpɔrta ˈdella tʃitˈta] |
| Statue | **statua, la** [ˈstaːtua] |
| Straße | **strada, la/via, la** [ˈstraːda/ˈviːa] |
| Tagesausflug | **gita di un giorno, la** [ˈdʒiːta di un ˈdʒorno] |
| Tor | **porta, la/portone, il** [ˈpɔrta/porˈtoːne] |
| Turm | **torre, la** [ˈtɔːrre] |
| Wahrzeichen | **simbolo, il** [ˈsimbolo] |
| Zoo | **zoo, lo** [ˈdzɔːo] |

# Freizeit und Unterhaltung

## Theater und Konzert

**Was gibt es diese/nächste Woche für Veranstaltungen?**
**Che spettacoli ci sono questa settimana/la settimana prossima?**
[ke spetˈtaːkoli tʃi ˈsoːno ˈkuesta settiˈmaːna/la ˈprɔssima settiˈmaːna]

**Haben Sie einen Veranstaltungskalender?**
**Ha un calendario delle manifestazioni?**
[a un kalenˈdaːrio ˈdelle manifestatˈtsioːni]

**Können Sie mir ein gutes Konzert empfehlen?**
**Può consigliarmi un buon concerto?**
[ˈpuɔ konsiʎaːrmi un ˈbuɔn konˈtʃɛrto]

**Gibt es im ...-Theater eine Vorstellung?**
**C'è una rappresentazione al teatro ...?**
[tʃɛ ˈuːna rapprezentatˈtsioːne al teˈaːtro]

**Wann beginnt die Vorstellung?**
**Quando inizia la rappresentazione?**
[ˈkuando iˈnittsia la rapprezentatˈtsioːne]

**Ab wann ist Einlass?**
**A partire da che ora si può entrare?**
[a parˈtiːre da ke ˈoːra si ˈpuɔ enˈtraːre]

**Sind die Plätze nummeriert?**
**I posti sono numerati?**
[i ˈpɔsti ˈsoːno numeˈraːti]

**Wie lange dauert die Pause?**
**Quanto dura la pausa?** [ˈkuanto ˈduːra la ˈpaːuza]

**Was soll ich anziehen?**
**Cosa devo mettermi?** [ˈkɔːza ˈdeːvo ˈmettermi]

**Wie heißt das Stück?**
**Qual è il titolo dell'opera teatrale?**
[ˈkuaːl ɛ il ˈtiːtolo ˈdellˈɔːpera teaˈtraːle]

**Ich habe gehört, dass das Stück gut sein soll.**
**Ho sentito dire che quest'opera teatrale è bella.**
[ɔ senˈtiːto ˈdiːre ke kuestˈɔːpera teaˈtraːle ɛ ˈbɛlla]

**Ich möchte ... Karten reservieren.**
**Vorrei prenotare ... biglietti.** [vorˈrɛi prenoˈtaːre biˈʎetti]

**Wo bekomme ich Karten für ...?**
**Dove posso comprare i biglietti per ...**
[ˈdoːve pɔsso komˈpraːre i biˈʎetti per]

**Gibt es noch Karten für ...?**
**Ci sono ancora biglietti per ...**
[tʃi ˈsoːno aŋˈkoːra biˈʎetti per]

**Gibt es Ermäßigung für Kinder?**
**C'è una riduzione per i bambini?**
[tʃɛ ˈuːna ridutˈtsioːne per i bamˈbiːni]
**... Studenten? ... gli studenti?** [ʎi stuˈdenti]
**... Senioren? ... i pensionati?** [i pensioˈnaːti]
**... Schwerstbehinderte?**
**... portatori di handicap?** [portaːtoːri di ˈɛndikap]

## Vokabeln

| | |
|---|---|
| Abendkasse | **cassa serale, la** [ˈkassa seˈraːle] |
| Applaus | **applauso, l'** [apˈplaːuzo] |
| Aufführung | **rappresentazione, la** [rapprezentatˈtsioːne] |

| | |
|---|---|
| **ausverkauft** | **esaurito** [ezauˈriːto] |
| **Ballett** | **balletto, il** [balˈletto] |
| **Band** | **band, la** [ˈbɛnd] |
| **Bühne** | **palcoscenico, il/scena, la** [palkoʃˈʃɛːniko/ˈʃɛːna] |
| **Dirigent** | **direttore d'orchestra, il** [diretˈtoːre dˈorˈkɛstra] |
| **Eintrittskarte** | **biglietto d'ingresso, il** [biʎetto dˈiŋˈgrɛsso] |
| **Jazzkonzert** | **concerto di musica jazz, il** [konˈtʃɛrto di ˈmuːzika dʒɛts] |
| **Kabarett** | **cabaret, il** [kabaˈrɛ] |
| **Klassik** | **musica classica, la** [ˈmuːzika ˈklassika] |
| **Komödie** | **commedia, la** [komˈmɛːdia] |
| **Konzert** | **concerto, il** [konˈtʃɛrto] |
| **Musical** | **musical, il** [ˈmjuːzikɔl] |
| **Musik** | **musica, la** [ˈmuːzika] |
| **Oper** | **opera, l'** [ˈɔːpera] |
| **Operette** | **operetta, l'** [opeˈrɛtta] |
| **Orchester** | **orchestra, l'** [orˈkɛstra] |
| **Parkett** | **platea, la** [plaˈtɛːa] |
| **Platz** | **posto, il** [ˈpɔsto] |
| **Premiere** | **prima, la** [ˈpriːma] |
| **Rang** | **galleria, la** [galleˈriːa] |
| **erster** | **prima** [ˈpriːmo] |
| **zweiter** | **seconda** [seˈkonda] |
| **Reihe** | **fila, la** [ˈfiːla] |
| **Rockkonzert** | **concerto rock, il** [konˈtʃɛrto rɔk] |
| **Sänger/-in** | **cantante, il/cantante, la** [kanˈtante] |
| **Schauspieler/-in** | **attore, l'/attrice, l'** [atˈtoːre/atˈtriːtʃe] |

| | |
|---|---|
| Stehplatz | **posto in piedi, il** [ˈpɔsto in ˈpiɛːdi] |
| Tänzer/-in | **ballerino, il/ballerina, la** [balleˈriːno/balleˈriːna] |
| Theaterkasse | **botteghino del teatro, il** [botˈtegino del teˈaːtro] |
| Tragödie | **tragedia, la** [tradˈdʒɛːdia] |
| Vorstellung | **rappresentazione, la/spettacolo, lo** [rapprezentatˈtsioːne/spetˈtaːkolo] |
| Vorverkauf | **prevendita, la** [preˈvendita] |
| Zirkus | **circo, il** [ˈtʃirko] |

## Wellness

Hat Ihr Hotel einen Fitnessraum?
**Il Suo albergo ha una palestra?**
[il ˈsuːo alˈbɛrgo a ˈuːna paˈlɛːstra]
... eine Sauna? **... una sauna?** [ˈuːna ˈsaːuna]
... ein Schwimmbad? **... una piscina?** [ˈuːna piʃˈʃiːna]
... einen Wellnessbereich?
**... uno spazio wellness?** [ˈuːno ˈspattsio ˈuellnɛs]
... ein Solarium? **... un solarium?** [un soˈlaːrium]

Haben Sie einen Masseur im Haus?
**C'è un massaggiatore nell'albergo?**
[tʃɛ un massaddʒaˈtoːre ˈnellˈalˈbɛrgo]

Kann ich mir ein Saunahandtuch ausleihen?
**Posso prendere in prestito un asciugamano per la sauna?**
[ˈpɔsso ˈprɛndere in ˈprɛstito un aʃʃugaˈmaːno]

Ich möchte eine Schönheitsbehandlung machen lassen.
**Vorrei fare un trattamento di bellezza.**
[vorˈrɛi ˈfaːre un trattaˈmento di belˈlettsa]

**Ich hätte gerne eine Gesichtsbehandlung mit anschließender Gesichtsmassage.**
**Vorrei fare un trattamento per il viso con successivo massaggio.**
[vorˈrɛi ˈfaːre un trattaˈmento per il ˈviːzo kon suttʃesˈsiːvo masˈsaddʒo]

**Können Sie mir bitte die Augenbrauen zupfen?**
**Può sfoltirmi le sopracciglia, per favore?**
[ˈpuɔ sfolˈtirmi le sŏıpratˈtʃiːːʎa per faˈvoːre]

## Vokabeln

| | |
|---|---|
| **Dampfbad** | **bagno di vapore, il** [ˈbaɲɲjo di vaˈpoːre] |
| **Gesicht** | **viso, il** [ˈviːzo] |
| **Haut** | **pelle, la** [ˈpɛlle] |
| **empfindliche** | **sensibile** [senˈsibile] |
| **fettige** | **grassa** [ˈgrassa] |
| **normale** | **normale** [norˈmaːle] |
| **trockene** | **secca** [ˈsekka] |
| **Kneippbad** | **bagno Kneipp, il** [ˈbaɲɲjo ˈknɛip] |
| **Maniküre** | **manicure, la** [maniˈkuːre] |
| **Maske** | **maschera, la** [ˈmaskera] |
| **Massage** | **massaggio, il** [masˈsaddʒo] |
| **Moorbad** | **bagno di fanghi, il** [ˈbaɲɲjo di ˈfaŋgi] |
| **Pediküre** | **pedicure, il** [pediˈkuːre] |
| **Peeling** | **peeling, il** [ˈpiliŋ] |
| **Solarium** | **solarium, il** [soˈlaːrium] |
| **Thermalbad** | **bagno termale, il** [ˈbaɲɲjo terˈmaːle] |
| **Whirlpool** | **vasca con idromassaggio, la** [ˈvaska kon idromasˈsaddʒo] |

## Kino

Wo befindet sich das Kino?
**Dove è il cinema?** [ˈdoːve ɛ il ˈtʃiːnema]

Welcher Film kommt im Kino?
**Che film danno al cinema?**
[ke film ˈdanno al ˈtʃiːnema]

Wie heißt der Film auf Deutsch?
**Come si intitola il film in tedesco?**
[ˈkoːme si inˈtiːtola il film in teˈdesko]

Ist das der Film mit dem Schauspieler/ der Schauspielerin ...?
**È quel film con l'attore/l'attrice ...**
[ɛ kuel film kon lˈatˈtoːre/lˈatˈtriːtʃe]

Um was geht es in dem Film?
**Di cosa tratta il film?** [di ˈkɔːza ˈtratta il film]

Ich hätte gerne ... Karten für die Vorstellung um ... Uhr.
**Vorrei ... biglietti per la proiezione delle ...**
[vorˈrɛi biʎetti per la poieˈtsioːne ˈdelle]

Wann beginnt der Film?
**Quando inizia il film?** [ˈkuando iˈnittsia il film]

In welcher Sprache ist der Film?
**In che lingua è il film?** [in ke ˈliŋgua ɛ il film]

Hat der Film (deutsche/englische) Untertitel?
**Il film ha i sottotitoli in tedesco/inglese?**
[il film a i sottoˈtiːtoli in teˈdesko/iŋˈgleːse]

Hat der Film bereits angefangen?
**Il film è già iniziato?** [il film ɛ dʒa initˈtsiaːto]

## Vokabeln

| | |
|---|---|
| 3-D-Kino | **cinema tridimensionale, il** [ˈtʃiːnema tridimensioˈnaːle] |
| Kinokarte | **biglietto del cinema, il** [biʎetto del ˈtʃiːnema] |
| Kinoprogramm | **programma del cinema, il** [proˈgramma del ˈtʃiːnema] |
| Komödie | **commedia, la** [komˈmɛːdia] |
| Krimi | **giallo, il** [ˈdʒallo] |
| Kunstfilm | **film impegnato, il** [film impeˈɲaːto] |
| Liebesfilm | **film d'amore, il** [film d aˈmoːre] |
| Originalversion | **versione originale, la** [verˈsioːne oridʒiˈnaːle] |
| Popcorn | **pop-corn, il** [pɔp kɔrn] |
| Reihe | **fila, la** [ˈfiːla] |
| Sitz | **posto, il** [ˈpɔsto] |
| Synchronfassung | **versione doppiata, la** [verˈsioːne dopˈpiaːta] |
| Thriller | **thriller, il** [ˈtrillɛr] |
| Untertitel | **sottotitoli, i** [sottoˈtiːtoli] |
| Vorfilm | **cortometraggio che precede il film, il** [kortomeˈtraddʒo ke preˈtʃɛːde il film] |

## Nachtleben

Wo kann man hier nachts etwas erleben?
**Cosa si può fare di bello la notte qui?**
[kɔːza si puˈɔ faːre di ˈbɛllo la ˈnɔtte ˈkuˈi]

Gibt es hier in der Nähe eine nette Kneipe?
**C'è un locale simpatico nelle vicinanze?**
[tʃɛ un loˈkaːle simˈpaːtiko ˈnelle vitʃiˈnantse]

Wo kann man hier zum Tanzen gehen?
**Dove si può andare a ballare?**
[ˈdoːve si ˈpuɔ anˈdaːre a balˈlaːre]

Wo ist hier eine gute Diskothek?
**Dove c'è una bella discoteca?**
[ˈdoːve tʃɛ ˈuːna bella diskoˈtɛːka]

Welche Musik wird dort gespielt?
**Che musica suonano lì?** [ke ˈmuːzika ˈsuɔːnano li]

Können da auch Ältere hingehen?
**Ci possono andare anche persone più mature?**
[tʃi ˈpɔssono anˈdaːre ˈaŋke perˈsoːne ˈpiu maˈtuːre]

Haben Sie eine Getränkekarte?
**Ha una lista delle bevande?** [a ˈuːna ˈlista ˈdelle beˈvande]

## Vokabeln

| | |
|---|---|
| ausgehen | **uscire** [uʃˈʃiːre] |
| Bar | **bar, il** [bar] |
| Club | **club, il** [klub] |
| Cocktail | **cocktail, il** [ˈkɔktel] |
| Diskothek | **discoteca, la** [diskoˈtɛːka] |
| laut | **alto** (lautstark) [ˈalto]<br>**rumoroso** (geräuschvoll) [rumoˈroːso] |
| Livemusik | **musica dal vivo, la** [ˈmuːzika dal ˈviːvo] |
| Spielcasino | **casinò, il** [kaziˈnɔ] |
| tanzen | **ballare** [balˈlaːre] |
| Theke | **banco, il** [ˈbaŋko] |
| trinken | **bere** [ˈbeːre] |
| Türsteher | **portiere, il** [poˈrtiɛːre] |

# Bank und Post

Können Sie mir bitte sagen, wo sich die nächste Bank/Post befindet?
**Per favore, può indicarmi la banca/l'ufficio postale più vicina/o?**
[per faˈvoːre ˈpuɔ indiˈkarmi la ˈbaŋka/lˈ ufˈfiːtʃo posˈtaːle piˈu viˈtʃiːna/o]

Um wie viel Uhr öffnet/schließt die Bank/Post?
**A che ora apre/chiude la banca/posta?**
[a ke ˈoːra ˈapre/ˈkiuːde la ˈbaŋka/ˈpɔsta]

Wo kann ich Geld wechseln?
**Dove posso cambiare dei soldi?**
[ˈdoːve ˈpɔsso kamˈbiaːre ˈdeːi ˈsɔldi]

Ich möchte ... Euro/Schweizer Franken in Pfund/Dollar wechseln.
**Vorrei cambiare ... euro/franchi svizzeri in sterline/dollari.**
[vorˈrɛi kamˈbiaːre ˈeːuro/ˈfraŋki ˈzvittseri in sterˈliːne/ˈdɔllari]

Wie ist der Wechselkurs?
**Come è il cambio?** [kome ɛ il ˈkambio]

Ich möchte diesen Reisescheck/Euroscheck einlösen.
**Vorrei riscuotere questo traveller's chèque/eurochèque.**
[vorˈrɛi risˈkuɔːtere ˈkuesto ˈtraveller tʃɛk/euroˈʃɛk]

Welche Gebühren fallen an?
**Devo pagare una commisione?**
[deːvo paˈgaːre ˈuːna kommisˈsioːne]

**Darf ich bitte Ihren Ausweis sehen?**
**Posso vedere il Suo documento d'identità, per favore?**
[ˈpɔsso veˈdeːre il ˈsuːo dokuˈmento dˈidentiˈta per faˈvoːre]

**Würden Sie bitte hier unterschreiben?**
**Firmi qui, per favore.** [ˈfirmi kuˈi per faˈvoːre]

**Ich brauche eine Briefmarke für diese Karte.**
**Ho bisogno di un francobollo per questa cartolina.**
[ɔ biˈzoŋŋjo di un frankoˈbollo per ˈkuesta kartoˈliːna]
**... nach Deutschland.**
**... per la Germania.** [per la dʒerˈmaːnia]
**... nach Österreich. ... per l'Austria.** [per la ˈaːustria]
**... in die Schweiz. ... per la Svizzera.** [per la ˈzvittsera]

**Was kostet ein Brief nach Deutschland/Österreich?**
**Quanto costa spedire una lettera per la Germania/ in Austria?**
[ˈkuanto ˈkɔsta speˈdiːre ˈuːna ˈlettera per la dʒerˈmaːnia/in aːustria]

**Was kostet eine Postkarte in die Schweiz?**
**Quanto costa spedire una cartolina per la Svizzera?**
[ˈkuanto ˈkɔsta speˈdiːre ˈuːna kartoˈliːna per la ˈzvittsera]

**Ich brauche ... Briefmarken.**
**Ho bisogno di ... francobolli.** [ɔ biˈzoŋŋjo di frankoˈbolli]

**Kann ich bei Ihnen Briefumschläge kaufen?**
**Vende delle buste da lettera Lei?**
[vende ˈdelle ˈbuste da ˈlettera ˈlɛːi]

**Wie lange braucht ein Brief nach ...?**
**Quanto tempo impiega una lettera per ...?**
[ˈkuanto ˈtɛmpo imˈpiɛːga ˈuːna ˈlettera]

Ich möchte ein Paket/ein Telegramm aufgeben.
**Vorrei spedire un pacco/telegramma.**
[vorˈrɛi speˈdiːre un ˈpakko/teleˈgramma]

Ich möchte Geld von meinem Postsparbuch abheben.
**Vorrei prelevare dei soldi dal mio libretto di risparmio postale.**
[vorˈrɛi preleˈvaːre ˈdeːi ˈsɔldi dal ˈmiːo liˈbretto di risˈparmio posˈtaːle]

## Vokabeln

| | |
|---|---|
| abheben | **prelevare** [preleˈvaːre] |
| Absender | **mittente, il** [mitˈtɛnte] |
| Adresse | **indirizzo, l'** [indiˈrittso] |
| Ansichtskarte | **cartolina, la** [kartoˈliːna] |
| auszahlen | **pagare** [paˈgaːre] |
| Betrag | **importo, l'** [imˈpɔrto] |
| Brief | **lettera, la** [ˈlettera] |
| Briefkasten | **buca delle lettere, la** [ˈbuːka ˈdelle ˈlettere] |
| Briefmarke | **francobollo, il** [frankoˈbollo] |
| EC-Karte | **carta EC** [ˈkarta eˈtʃi] |
| Eilbrief | **posta prioritaria, la** [pɔsta priorˈtaːria] |
| Einschreiben | **raccomandata, la** [rakkomanˈdaːta] |
| Empfänger | **destinatario, il** [destinaˈtaːrio] |
| Fax | **fax, il** [faks] |
| Formular | **modulo, il** [ˈmɔːdulo] |
| Gebühr | **tariffa, la** [taˈriffa] |
| Geheimzahl | **codice segreto, il** [ˈkɔːditʃe seˈgreːto] |

| | |
|---|---|
| Geldautomat | **sportello automatico, lo** [sporˈtɛllo autoˈmaːtiko] |
| Gewicht | **peso, il** [ˈpeːso] |
| Konto | **conto, il** [ˈkonto] |
| Kreditkarte | **carta di credito, la** [ˈkarta di ˈkreːdito] |
| Luftpost | **posta aerea, la** [ˈpɔsta aˈɛːrea] |
| Münze | **moneta, la** [moˈneːta] |
| Päckchen | **pacchettino, il** [pakketˈtiːno] |
| Paket | **pacco, il** [ˈpakko] |
| Porto | **affrancatura, la** [affrankaˈtuːra] |
| Postleitzahl | **codice di avviamento postale, il** [ˈkɔːditʃe di avviaˈmento posˈtaːle] |
| Postsparbuch | **libretto di risparmio postale, il** [liˈbretto di risˈparmio posˈtaːle] |
| Quittung | **ricevuta, la** [ritʃeˈvuːta] |
| Reisescheck | **traveller's chèque, il** [ˈtraveller tʃɛk] |
| Scheck | **assegno, l'** [asˈseŋŋjo] |
| Scheckkarte | **carta assegni, la** [ˈkarta asˈseŋŋji] |
| schwer | **pesante** [peˈsante] |
| Telegramm | **telegramma, il** [teleˈgramma] |
| Überweisung | **bonifico, il** [boˈniːfico] |
| umrechnen | **fare la conversione** [faːre la konverˈsioːne] |
| Umrechnungs-tabelle | **tabella di conversione, la** [taˈbɛlla di konverˈsioːne] |
| umtauschen | **cambiare** [kamˈbiaːre] |
| Unterschrift | **firma, la** [ˈfirma] |
| Währung | **valuta, la** [vaˈluːta] |
| Wechselkurs | **cambio, il** [ˈkambio] |
| Wechselstube | **agenzia di cambio, l'** [adʒenˈtsiːa di ˈkambio] |
| Zahlung | **versamento, il** [versaˈmento] |

# Einkaufen

## Allgemein

Wo kann ich ... kaufen?
**Dove posso comprare ...?** [ˈdoːve ˈpɔsso komˈpraːre]

Wann öffnen/schließen die Geschäfte?
**Quando aprono/chiudono i negozi?**
[ˈkuando ˈaːprono/ˈkiuːdono i neˈgɔttsi]

Kann ich Ihnen helfen? **Posso aiutarla?** [ˈpɔsso aiuˈtarla]

Danke, ich möchte mich nur umsehen.
**Grazie, stavo solo guardando.**
[ˈgrattsie ˈstaːvo ˈsoːlo guarˈdando]

Ich hätte gerne das hier. **Vorrei questo.** [vorˈrɛi ˈkuesto]

Haben Sie auch noch etwas anderes?
**Ha anche qualcos'altro?** [a ˈaŋke kualkɔˈzaltro]

Wie viel kostet das? **Quanto costa?** [ˈkuanto ˈkɔsta]

Können Sie mir das billiger machen?
**Può farmi uno sconto?** [ˈpuɔ ˈfarmi ˈuːno ˈskonto]

Das ist mir zu teuer. **È troppo caro.** [ɛ ˈtrɔppo ˈkaːro]

Kann ich mit meiner Kreditkarte bezahlen?
**Posso pagare con la carta di credito?**
[ˈpɔsso paˈgaːre kon la ˈkarta di ˈkrɛːdito]

Ich brauche eine Quittung.
**Mi serve lo scontrino.** [mi ˈserve lo skonˈtriːno]

Darf es noch etwas sein?
**Desidera altro?** [deˈzidera ˈaltro]

**Danke, das ist alles. Grazie, è tutto.** [ˈgrattsie ɛ ˈtutto]

**Bitte packen Sie es als Geschenk ein!**
**Faccia un pacchetto regalo, per favore.**
[ˈfattʃa un pakˈketto reˈgaːlo per faˈvoːre]

**Ich möchte das hier reklamieren/umtauschen.**
**Vorrei fare un reclamo/cambiare questo articolo.**
[vorˈrɛi ˈfaːre un reˈklamo/kamˈbiaːre ˈkuesto arˈtikolo]

**Entschuldigung, aber ich habe nicht genug Geld dabei.**
**Mi scusi, ma non ho abbastanza denaro con me.**
[mi ˈskuːzi ma non ɔ abbasˈtantsa deˈnaːro kon me]

**Ich glaube, Sie haben mir falsch herausgegeben.**
**Credo che il resto si sbagliato.**
[ˈkreːdo ke il ˈrɛsto ˈsiːa sbaˈʎato]

## Vokabeln

| | |
|---|---|
| Antiquitätengeschäft | **negozio di antiquariato, il** [neˈgɔttsio di antikuaˈriaːto] |
| Apotheke | **farmacia, la** [farmaˈtʃiːa] |
| Bäckerei | **panetteria, la** [panetˈteriːa] |
| Barzahlung | **pagamento in contanti, il** [pagaˈmento in konˈtanti] |
| Blumenladen | **fioraio, il** [fioˈraːio] |
| Buchhandlung | **libreria, la** [libreˈriːa] |
| Damenabteilung | **reparto donna, il** [reˈparto ˈdɔnna] |
| Drogerie | **drogheria, la** [drogeˈriːa] |
| Elektrohandlung | **negozio di elettrodomestici, il** [neˈgɔttsio di eˈlɛttrodoˈmɛstitʃi] |
| Feinkostladen | **negozio di specialità gastronomiche, il** [neˈgɔttsio di spetʃialiˈta gastroˈnomiːke] |

| | |
|---|---|
| Flohmarkt | **mercato delle pulci, il** [merˈkaːto ˈdelle ˈpultʃi] |
| Fotoladen | **negozio di articoli fotografici, il** [neˈgɔttsio di arˈtiːkoli fotoˈgraːfitʃi] |
| Friseur | **parrucchiere, il** [parrukˈkiɛːre] |
| Geld | **denaro, il/soldi, i** [deˈnaːro/ˈsɔldi] |
| Gemüseladen | **negozio di verdura, il** [neˈgɔttsio di verˈduːra] |
| Geschäft | **negozio, il** [neˈgɔttsio] |
| Geschenk | **regalo, il** [reˈgaːlo] |
| Handarbeit | **lavoro manuale, il** [laˈvoːro manuˈaːle] |
| handeln | **mercanteggiare** [merkantedˈdʒaːre] |
| herausgeben | **dare il resto** [ˈdaːre il ˈrɛsto] |
| Herrenabteilung | **reparto uomo, il** [reˈparto ˈuɔːmo] |
| Juwelier | **gioielliere, il** [dʒoielˈlieːre] |
| Kassenzettel | **scontrino fiscale, lo** [skonˈtriːno fisˈkaːle] |
| Kaufhaus | **grande magazzino, il** [ˈgrande magadˈdziːno] |
| Kinderabteilung | **reparto bambini, il** [reˈparto bamˈbiːni] |
| Kreditkarte | **carta di credito, la** [ˈkarta di ˈkrɛːdito] |
| Lebensmittelgeschäft | **negozio di generi alimentari, il** [neˈgɔttsio di ˈdʒɛːneri alimenˈtaːri] |
| Mehrwertsteuer | **I. V. A., l' (Imposta sul Valore Aggiunto))** [ˈiːva] |
| Metzgerei | **macelleria, la** [matʃelleˈriːa] |
| Musikgeschäft | **negozio di dischi, il** [neˈgɔttsio di ˈdiski] |
| Nachlass | **sconto, lo** [ˈskonto] |

| | |
|---|---|
| **Öffnungszeiten** | **orari di apertura, gli** [o'raːri di aper'tuːra] |
| **Optiker** | **ottico, l'** ['ɔttiko] |
| **Preis** | **prezzo, il** ['prɛttso] |
| **Quittung** | **ricevuta, la** [ritʃe'vuːta] |
| **Rabatt** | **riduzione, la** [ridut'tsioːne] |
| **Reformhaus** | **negozio di prodotti naturali, il** [ne'gɔttsio di pro'dotti natu'raːli] |
| **Reinigung** | **tintoria, la** [tinto'riːa] |
| **Schaufenster** | **vetrina, la** [ve'triːna] |
| **Schreibblock** | **block-notes, il** [blɔk'nɔːtes] |
| **Schreibwarenladen** | **cartoleria, la** [kartole'riːa] |
| **Schuhgeschäft** | **negozio di calzature, il** [ne'gɔttsio di kaltsa'tuːre] |
| **Schuhmacher** | **calzolaio, il** [kaltso'laːio] |
| **Sonderangebot** | **offerta speciale, l'** [of'fɛrta spe'tʃaːle] |
| **Souvenir** | **souvenir, il** [suve'niːr] |
| **Souvenirladen** | **negozio di souvenir, il** [ne'gɔttsio di suve'niːr] |
| **Spielwaren-geschäft** | **negozio di giocattoli, il** [ne'gɔttsio di dʒo'kattoli] |
| **Sportgeschäft** | **negozio di articoli sportivi, il** [ne'gɔttsio di ar'tiːkoli spor'tiːvi] |
| **Stück** | **pezzo, il** ['pettso] |
| **Supermarkt** | **supermercato, il** [supermer'kaːto] |
| **Tabakwaren** | **tabaccheria, la** [tabakke'riːa] |
| **teuer** | **caro** ['kaːro] |
| **Tüte** | **sportina, la** [spor'tiːna] |
| **umtauschen** | **cambiare** [kam'biaːre] |
| **zeigen** | **mostrare** [mos'traːre] |
| **Zeitung** | **giornale, il** [dʒor'naːle] |
| **Zeitungshändler** | **giornalaio, il** [dʒorna'laːio] |

## Kleidung

**Ich würde dies gerne anprobieren.**
**Vorrei provare questo.** [vorˈrɛi proˈvaːre ˈkuesto]

**Ich trage die Größe ...**
**Porto la taglia ...** [ˈpɔrto la ˈtaːʎa]

**Können Sie mir das bis morgen zurücklegen?**
**Può mettermi da parte questo fino a domani?**
[ˈpuɔ metˈtermi da ˈparte ˈkuesto ˈfiːno a doˈmaːni]

**Ich möchte es mir noch einmal überlegen.**
**Vorrei pensarci ancora un po' su.**
[vorˈrɛi penˈsartʃi aŋˈkoːra un pɔ su]

**Das steht mir nicht.**
**Non mi sta bene.** [non mi sta ˈbɛːne ]

**Das passt mir nicht. Non mi va.** [non mi va]

**Es ist zu klein/zu groß.**
**È troppo piccolo/troppo grande.**
[ɛ ˈtrɔppo ˈpikkolo/ˈtrɔppo ˈgrande]

**Es ist zu weit/zu eng.**
**È troppo largo/troppo stretto.**
[ɛ ˈtrɔppo ˈlargo/ˈtrɔppo ˈstretto]

**Bitte legen Sie es zurück!**
**Lo rimetta a posto, per favore.**
[lo riˈmetta a ˈpɔsto per faˈvoːre]

**Aus welchem Material/Stoff ist das?**
**Di che materiale/stoffa è?** [di ke mateˈriaːle/ˈstɔffa ɛ]

**Haben sie das auch in einer anderen Farbe?**
**Ci sono anche altri colori?** [tʃi soːno aŋke ˈaltri koˈloːri]

## Vokabeln

| | |
|---|---|
| Abendkleid | **abito da sera, l'** [ˈabito da ˈseːra] |
| Anorak | **giacca a vento, la** [ˈdʒakka a ˈvɛnto] |
| anprobieren | **provare** [proˈvaːre] |
| Anzug | **abito, il** [ˈaːbito] |
| Ärmel | **manica, la** [ˈmaːnika] |
| Badeanzug | **costume da bagno, il** [kosˈtuːme da ˈbaŋjo] |
| Badehose | **costume da bagno, il** [kosˈtuːme da ˈbaŋjo] |
| Bademantel | **accappatoio, l'** [akkappaˈtoːio] |
| Badeschuhe | **ciabatte da bagno, le** [tʃaˈbatte da ˈbaŋjo] |
| Baumwolle | **cotone, il** [koˈtoːne] |
| BH | **reggiseno, il** [reddʒiˈseːno] |
| Bikini | **bikini, il** [biˈkiːni] |
| Blazer | **blazer, il** [ˈblazer] |
| Bluse | **camicetta, la** [kamiˈtʃetta] |
| Dessous | **dessous, i** [desˈsu] |
| Farbe | **colore, il** [koˈloːre] |
| Fliege | **farfallino, il** [farfalˈliːno] |
| Futter | **fodera, la** [ˈfɔːdera] |
| Größe | **taglia, la (Kleidung) numero, il (Schuhe))** [ˈtaːʎa] [ˈnuːmero] |
| Gürtel | **cintura, la** [tʃinˈtuːra] |
| Handschuhe | **guanti, i** [ˈguanti] |
| Hemd | **camicia, la** [kaˈmiːtʃa] |
| Hose | **pantaloni, i** [pantaˈloːni] |
| Hut | **cappello, il** [kapˈpɛllo] |
| Jacke | **giacca, la** [ˈdʒakka] |

| | |
|---|---|
| **Jackett** | **giacca, la** [ˈdʒakka] |
| **Jeans** | **jeans, i** [ˈdʒiːnz] |
| **Jogginganzug** | **tuta da ginnastica, la** [ˈtuːta da dʒinˈnaːstika] |
| **Kleid** | **vestito, il** [vesˈtiːto] |
| **Knopf** | **bottone, il** [botˈtoːne] |
| **Kostüm** | **tailleur, il** [taˈjeur] |
| **Krawatte** | **cravatta, la** [kraˈvatta] |
| **Mantel** | **cappotto, il** [kapˈpɔtto] |
| **Mütze** | **berretto, il** [berˈretto] |
| **Nachthemd** | **camicia da notte, la** [kamiˈtʃa da ˈnɔtte] |
| **Pullover** | **pullover, il** [pulˈlɔːver] |
| **Regenjacke** | **giacca impermeabile, la** [ˈdʒakka impermeˈaːbile] |
| **Reißverschluss** | **cerniera lampo, la** [tʃerˈniɛːra ˈlampo] |
| **Rock** | **gonna, la** [ˈgonna] |
| **Schal** | **scialle, lo** [ˈʃalle] |
| **Schlafanzug** | **pigiama, il** [piˈdʒaːma] |
| **Shorts** | **pantaloncini corti, i** [pantalonˈtʃiːni ˈkorti] |
| **Socken** | **calzini, i** [kalˈtsiːni] |
| **Strickjacke** | **golfino, il** [golˈfiːno] |
| **Strümpfe** | **calze, le** [ˈkaltse] |
| **Strumpfhose** | **collant, il** [kolˈlɑ] |
| **T-Shirt** | **t-shirt, la** [tiˈʃɛrt] |
| **Umkleidekabine** | **cabina, la** [kaˈbiːna] |
| **Unterhemd** | **maglietta, la** [maʎetta] |
| **Unterhose** | **mutanda, la** [muˈtanda] |
| **Unterwäsche** | **biancheria intima, la** [biankeˈriːa ˈintima] |
| **Weste** | **gilet, il** [dʒiˈlɛ] |

## Schuhe

**Ich trage die Schuhgröße ...**
**Porto il ... di scarpe.** [ˈpɔrto il di ˈskarpe]

**Die Schuhe sind mir zu klein/zu groß.**
**Le scarpe sono troppo piccole/troppo grandi per me.**
[le ˈskarpe ˈsoːno ˈtrɔppo ˈpikkole/ˈgrandi per me]

**Sind diese Schuhe aus echtem Leder?**
**Queste scarpe sono di vero cuoio?**
[ˈkueste ˈskarpe ˈsoːno di ˈveːro ˈkuɔːio]

**Wo kann ich meine Schuhe reparieren lassen?**
**Dove posso fare riparare le mie scarpe?**
[ˈdoːve ˈpɔsso ˈfaːre ripaˈraːre le ˈmiːe ˈskarpe]

### Vokabeln

| | |
|---|---|
| Absatz | **tacco, il** [ˈtakko] |
| Badeschuhe | **ciabatte da bagno, le** [tʃaˈbatte da ˈbaŋŋjo] |
| Bergstiefel | **scarponi da montagna, gli** [skarˈpoːni da monˈtaŋja] |
| Einlegesohlen | **solette, le** [soˈlette] |
| Gummistiefel | **stivali di gomma, gli** [stiˈvaːli di ˈgomma] |
| Halbschuhe | **scarpe basse, le** [ˈskarpe ˈbasse] |
| Hausschuhe | **pantofole, le** [panˈtɔːfole] |
| Kinderschuhe | **scarpe da bambini, le** [ˈskarpe da bamˈbiːni] |
| Pumps | **scarpe décolleté, la** [ˈskarpe dekɔlˈte] |
| Sandalen | **sandali, i** [ˈsandali] |

| | |
|---|---|
| **Schnürsenkel** | **laccio da scarpa, il** [ˈlattʃo da ˈskarpa] |
| **Schuhbürste** | **spazzola per le scarpe, la** [ˈskarpe per le ˈskarpe] |
| **Schuhcreme** | **lucido da scarpe, il** [ˈluːtʃido da ˈskarpe] |
| **Schuhgröße** | **numero di scarpe, il** [ˈnuːmero di ˈskarpe] |
| **Sohle** | **suola, la** [ˈsuɔːla] |
| **Stiefel** | **stivali, gli** [stiˈvaːli] |
| **Turnschuhe** | **scarpe da ginnastica, le** [ˈskarpe da dʒinˈnastika] |
| **Wanderschuhe** | **scarponi da escursionista, gli** [skarˈpoːni da eskursioˈniːsta] |
| **Winterstiefel** | **stivali invernali, gli** [stiˈvaːli inverˈnaːli] |

## Uhren und Schmuck

**Ich brauche eine neue Batterie für meine Uhr.**
**Ho bisogno di una batteria nuova per il mio orologio.**
[ɔ biˈzoŋŋjo di ˈuːna batteˈriːa ˈnuɔːva per il ˈmiːo oroˈlɔːdʒo]

**Bitte setzen Sie die Batterie gleich ein!**
**Per favore, inserisca subito la batteria.**
[per faˈvoːre inseˈriːska ˈsuːbito la batteˈriːa]

**Ich hätte gerne ein nettes Andenken.**
**Vorrei un bel ricordino.** [vorˈrɛi un bɛl rikorˈdiːno]

**Ist das aus echtem Gold/Silber?**
**È oro/argento vero?** [ɛ ˈɔːro/arˈdʒɛnto ˈveːro]

## Vokabeln

| | |
|---|---|
| Anhänger | **ciondolo, il** [ˈtʃondolo] |
| Armband | **braccialetto, il** [brattʃaˈletto] |
| Armbanduhr | **orologio da polso, l'** [oroˈlɔːdʒo da ˈpolso] |
| Batterie | **batteria/pila, la** [batteˈriːa/ˈpiːla] |
| Bernstein | **ambra, l'** [ˈambra] |
| Brillant | **brillante, il** [brilˈlante] |
| Brosche | **spilla, la** [ˈspilla] |
| Clips | **orecchini a clips, gli** [orekˈkiːni a klips] |
| Diamant | **diamante, il** [diaˈmante] |
| Gold | **oro, l'** [ˈɔːro] |
| Karat | **carato, il** [kaˈraːto] |
| Kette | **collana, la** [kolˈlaːna] |
| Krawattennadel | **fermacravatte, il** [fermakraˈvatte] |
| Nickel | **nichel, il** [ˈniːkel] |
| Ohrringe | **orecchini, gli** [orekˈkiːni] |
| Perlen | **perle, le** [ˈpɛrle] |
| Platin | **platino, il** [ˈplaːtino] |
| Ring | **anello, l'** [aˈnɛllo] |
| Rubin | **rubino, il** [ruˈbiːno] |
| Saphir | **zaffiro, lo** [dzafˈfiːro] |
| Silber | **argento, l'** arˈdʒɛnto] |
| Smaragd | **smeraldo, lo** [zmeˈraldo] |
| Uhr | **orologio, l'** [oroˈlɔːdʒo] |
| Uhrenarmband | **cinturino dell'orologio, il** [tʃintuˈriːno ˈdell oroˈlɔːdʒo] |
| vergoldet | **placcato in oro** [plakˈkaːto in ˈɔːro] |
| versilbert | **placcato in argento** [plakˈkaːto in arˈdʒɛnto] |

## Fotoausrüstung

**Ich brauche einen Film für diesen Fotoapparat.**
**Ho bisogno di un rullino per questa macchina fotografica.**
[ɔ biˈzoŋjo di un rulˈliːno per kuesta ˈmakkina fotoˈgraːfika]

**Ich brauche einen Film mit 24/36 Aufnahmen.**
**Ho bisogno di un rullino da 24/36 pose.**
[ɔ biˈzoŋŋjo di un rulˈliːno da ventiˈkuattro/trent aˈsɛːi ˈpɔːse]

**Können Sie mir den Film einlegen?**
**Può inserirmi il rullino?** [ˈpuɔ inseˈriːrmi il rulˈliːno]

**Ich möchte diesen Film entwickeln lassen.**
**Vorrei fare sviluppare questo rullino.**
[vorˈrɛi ˈfaːre zvilupˈpaːre ˈkuesto rulˈliːno]

**Wann kann ich die Bilder abholen?**
**Quando posso ritirare le foto?**
[ˈkuando ˈpɔsso ritiˈraːre le ˈfɔːto]

**Mein Fotoapparat funktioniert nicht richtig. Können Sie ihn reparieren?**
**La mia macchina fotografia non funziona bene.**
**Può ripararla?**
[la ˈmiːa ˈmakkina fotoˈgraːfika non funtˈtsioːna ˈbɛːne ˈpuɔ ripaˈrarla]

**Der Sucher/Auslöser/Blitz ist kaputt.**
**Il mirino/lo scatto/il flash è rotto.**
[il miˈriːno/lo ˈskatto/il flɛʃ ɛ ˈrotto]

**Der Film wird nicht weitertransportiert.**
**Il rullino non avanza.** [il rulˈliːno non aˈvantsa]

## Vokabeln

| | |
|---|---|
| Abzug | **stampa, la** [ˈstampa] |
| APS-Film | **rullino APS, il** [rulˈliːno appiˈɛːsse] |
| Auslöser | **scatto, lo** [ˈskatto] |
| Bild | **foto, la** [ˈfɔːto] |
| Blitz | **flash, il** [flɛʃ] |
| Dia-Film | **pellicola per diapositive, la** [pelˈliːkola per diapoziˈtiːve] |
| Digitalkamera | **camera digitale, la** [ˈkaːmera didʒiˈtaːle] |
| Empfindlichkeit | **sensibilità, la** [sensibiliˈta] |
| Farbfilm | **pellicola a colori, la** [pelˈliːkola a koˈloːri] |
| Film | **rullino, il/pellicola, la** [rulˈliːno/pelˈliːkola] |
| filmen | **filmare** [filˈmaːre] |
| Filter | **filtro, il** [ˈfiltro] |
| Format | **formato, il** [forˈmaːto] |
| Fotoapparat | **macchina fotografica, la** [ˈmakkina fotoˈgraːfika] |
| Kamera | **camera, la** [ˈkaːmera] |
| Linse | **obiettivo, l'** [obietˈtiːvo] |
| Negativ | **negativo, il** [negaˈtiːvo] |
| Objektiv | **obiettivo, l'** [obietˈtiːvo] |
| Schwarz-Weiß-Film | **pellicola in bianco e nero, la** [pelˈliːkola in ˈbiaŋko e ˈneːro] |
| Selbstauslöser | **autoscatto, l'** [ˈautoˈskatto] |
| Spiegelreflex-kamera | **macchina fotografica reflex, la** [ˈmakkina fotoˈgraːfika ˈreːflɛks] |
| Sucher | **mirino, il** [miˈriːno] |
| Teleobjektiv | **teleobiettivo, il** [teleobietˈtiːvo] |
| Videokamera | **videocamera, la** [videoˈkaːmera] |

## Optiker

**Mein Brillenglas ist herausgebrochen.**
**La lente dei miei occhiali si è staccata rompendosi.**
[la ˈlɛnte ˈdeːi ˈmiɛːi ɔkˈkiaːli si ɛ stakˈkaːta ˈrompendosi]

**Können Sie meine Brille richten?**
**Può sistemare i miei occhiali?**
[ˈpuɔ sisteˈmaːre i ˈmiɛːi okˈkiaːli]

**Können Sie mir eine Ersatzbrille machen?**
**Può farmi un paio di occhiali di ricambio?**
[ˈpuɔ ˈfarmi un ˈpaːio di okˈkiaːli di riˈkambio]

**Ich habe eine Kontaktlinse verloren.**
**Ho perso una lente a contatto.**
[ɔ ˈpɛrso ˈuːna ˈlɛnte a konˈtatto]

**Ich bin kurzsichtig/weitsichtig.**
**Sono miope/presbite.** [ˈsoːno ˈmiːope/ˈprɛzbite]

**Ich habe ... Dioptrien rechts/links.**
**Ho ... diottrie a destra/a sinistra.**
[ɔ diotˈtriːe a ˈdɛstra/siˈnistra]

**Ich brauche weiche/harte Kontaktlinsen.**
**Ho bisogno di lenti a contatto morbide/rigide.**
[ɔ biˈzoŋŋjo di ˈlɛnti a konˈtatto ˈmɔrbide/ˈriːdʒide]

**Ich brauche eine Aufbewahrungsflüssigkeit/Reinigungsflüssigkeit für Kontaktlinsen.**
**Ho bisogno di una soluzione per la conservazione di/soluzione detergente per lenti a contatto.**
[ɔ biˈzoŋŋjo di ˈuːna solutˈsioːne per la konservatˈtsioːne di/solutˈtsioːne deterˈdʒɛnte per ˈlɛnti a konˈtatto]

## Vokabeln

| | |
|---|---|
| Aufbewahrungs-flüssigkeit | **soluzione per la conservazione, la** [solutˈsioːne per la konservatˈtsioːne] |
| Auge | **occhio, l'** [ˈɔkkio] |
| Brille | **occhiali, gli** [okˈkiaːli] |
| Brillengestell | **montatura per occhiali, la** [montaˈtuːra per okˈkiaːli] |
| Brillenglas | **lente degli occhiali, la** [ˈlɛnte ˈdeːʎi okˈkiaːli] |
| Bügel | **stanghetta degli occhiali, la** [staŋˈgetta ˈdeːʎi okˈkiaːli] |
| Dioptrien | **diottrie, le** [diotˈtriːe] |
| hart | **rigido** [ˈriːdʒido] |
| Kochsalzlösung | **soluzione salina sterile, la** [solutˈsioːne saˈliːna ˈstɛːrile] |
| Kontaktlinse | **lente a contatto, la** [ˈlɛnte a konˈtatto] |
| Kontaktlinsen-behälter | **contenitore per lenti a contatto, il** [konteniˈtoːre per ˈlɛnti a konˈtatto] |
| kurzsichtig | **miope** [ˈmiːope] |
| Lesebrille | **occhiali per leggere, gli** [okˈkiaːli per ˈlɛddʒere] |
| Reinigungs-flüssigkeit | **soluzione detergente, la** [solutˈtsioːne deterˈdʒɛnte] |
| Sehtest | **esame della vista, l'** [eˈzaːme ˈdella ˈvista] |
| Sonnenbrille | **occhiali da sole, gli** [okˈkiaːli da ˈsoːle] |
| weich | **morbido** [ˈmɔrbido] |
| weitsichtig | **presbite** [ˈprɛzbite] |

## Körperpflege

**Wo ist die nächste Drogerie?**
**Dove è la drogheria più vicina?**
[ˈdoːve ɛ la drogeˈriːa pˈiu viˈtʃiːna]

**Wo kann ich Kosmetikartikel kaufen?**
**Dove posso comprare dei cosmetici?**
[ˈdoːve ˈpɔsso komˈpraːre ˈdei kozˈmɛːtitʃi]

**Ich brauche eine Creme gegen meine trockene Haut.**
**Ho bisogno di una crema per la pelle secca.**
[ɔ biˈzoŋŋjo di ˈuːna ˈkrɛːma per la ˈpɛlle ˈsekka]

**Kann ich das auch bei empfindlicher Haut nehmen?**
**Posso usarlo anche con la pelle sensibile?**
[ˈpɔsso uˈzaːrlo ˈaŋke kon la ˈpɛlle senˈsiːbile]

**Ich möchte mir die Haare schneiden lassen.**
**Vorrei farmi tagliare i capelli.**
[vorˈrɛi ˈfarmi taʎaːre i kaˈpelli]

**Schneiden Sie bitte nur die Spitzen!**
**Tagli solo le punte, per favore.**
[ˈtaːʎi ˈsoːlo le ˈpunte per faˈvoːre]

## Vokabeln

| | |
|---|---|
| allergenfrei | **antiallergenico** [antiallerˈdʒɛːniko] |
| Après-sun-Creme | **crema dopo sole, la** [ˈkrɛːma ˈdoːpo ˈsoːle] |
| Bürste | **spazzola, la** [ˈspattsola] |
| Damenbinden | **assorbenti igienici, gli** [assorˈbɛnti iˈdʒɛːnitʃi] |
| Deo | **deodorante, il** [deodoˈrante] |

| | |
|---|---|
| Duschgel | **docciaschiuma, la** [dɔttʃaˈskiuːma] |
| färben | **colorare** [koloˈraːre] |
| Friseur | **parrucchiere, il** [parrukˈkiɛːre] |
| Gesichtscreme | **crema per il viso, la** [ˈkrɛːma per il ˈviːzo] |
| Haargel | **gel per i capelli, il** [dʒɛl per i kaˈpelli] |
| Haarkur | **balsamo per i capelli, il** [ˈbalsamo per i kaˈpelli] |
| Haarspray | **lacca per capelli, la** [ˈlakka per kaˈpelli] |
| Haarwachs | **cera per capelli, la** [ˈtʃeːra per kaˈpelli] |
| Handcreme | **crema per le mani, la** [ˈkrɛːma per le ˈmaːni] |
| Insektenschutz | **protezione contro gli insetti, la** [protetˈtsioːne ˈkontro ʎi inˈsɛtti] |
| Kamm | **pettine, il** [ˈpɛttine] |
| Kondome | **preservativi, i** [preservaˈtiːvi] |
| Körperlotion | **crema per il corpo, la** [ˈkrɛːma per il ˈkɔrpo] |
| Lidschatten | **ombretto, l'** [omˈbretto] |
| Lippenbalsam | **balsamo per labbra, il** [ˈbalsamo per ˈlabbra] |
| Lippenstift | **rossetto, il** [rosˈsetto] |
| Maniküre | **manicure, la** [maniˈkuːre] |
| Mückenschutz | **protezione contro le zanzare** [protetˈtsioːne ˈkontro le dzanˈdzaːre] |
| Nachtcreme | **crema da notte, la** [ˈkrɛːma da ˈnɔtte] |
| Nagelfeile | **lima per unghie, la** [ˈliːma per ˈuŋgie] |

| | |
|---|---|
| Nagellack | **smalto, lo** [ˈzmalto] |
| Nagelschere | **forbicine per unghie, le** [forbiˈtʃiːne per ˈuŋgie] |
| Parfüm | **profumo, il** [proˈfuːmo] |
| Pediküre | **pedicure, il** [pediˈkuːre] |
| Pflaster | **cerotto, il** [tʃeˈrɔtto] |
| Pinzette | **pinzetta, la** [pinˈtsetta] |
| Puder | **cipria, la** [ˈtʃiːpria] |
| Rasierklinge | **lametta da barba, la** [laˈmetta da ˈbarba] |
| Rasierschaum | **schiuma da barba** [ˈskiuːma da ˈbarba] |
| Rasierwasser | **dopobarba, il** [dopoˈbarba] |
| Schaumfestiger | **spuma fissante** [ˈspuːma fisˈsante] |
| Seife | **sapone, il** [saˈpoːne] |
| Shampoo | **shampoo, lo** [ˈʃampo] |
| Slipeinlagen | **proteggislip, i** [protɛddʒiˈslip] |
| Sonnencreme | **crema solare, la** [ˈkrɛːma soˈlaːre] |
| Strähnchen | **meche, le** [mɛʃ] |
| Tagescreme | **crema da giorno, la** [ˈkrɛːma da ˈdʒorno] |
| Tampons | **assorbenti interni, gli** [assorˈbɛːnti inˈtɛːrni] |
| Taschentücher | **fazzoletti (di carta), i** [fattsoˈletti di ˈkarta] |
| Toilettenpapier | **carta igienica, la** [ˈkarta iˈdʒɛːnika] |
| Wimperntusche | **mascara/rimmel, il** [masˈkaːra/ˈrimmɛl] |
| Zahnbürste | **spazzolino da denti, lo** [spattsoˈliːno da ˈdɛnti] |
| Zahnpasta | **dentifricio, il** [dentiˈfriːtʃo] |
| Zahnseide | **filo interdentale, il** [ˈfiːlo interdenˈtaːle] |

# Lebensmittel

**Was darf es sein? Cosa desidera?** [ˈkɔːsa deˈziːdera]

**Haben Sie ...? Avete ...?** [aˈveːte]

**Ich hätte gerne ... Gramm/Kilo/Liter/Stück von ...**
**Vorrei ... grammi/chili/litri/pezzi di ...**
[vorˈrɛi ˈgrammi/ˈkiːli/ˈliːtri/ˈpettsi di]

**Was ist das? Che cosa è?** [ke ˈkɔːza ɛ]

**Dürfte ich das vielleicht probieren?**
**Potrei assaggiare?** [poˈtrɛːi assadˈdʒaːre]

**Danke, das ist alles. Grazie è tutto.** [ˈgrattsie ɛ ˈtutto]

## Vokabeln

| | |
|---|---|
| Ananas | **ananas, l'** [ˈaːnanas] |
| Apfel | **mela, la** [ˈmeːla] |
| Aprikose | **albicocca, l'** [albiˈkɔkka] |
| Artischocke | **carciofo, il** [karˈtʃɔːfo] |
| Aubergine | **melanzana, la** [melanˈdzaːna] |
| Austern | **ostriche, le** [ˈɔstrike] |
| Avocado | **avocado, l'** [avoˈkaːdo] |
| Babynahrung | **alimenti per la prima infanzia, gli** [aliˈmenti per la ˈpriːma inˈfantsia] |
| Baguette | **baguette, la** [baˈgɛt] |
| Banane | **banana, la** [baˈnaːna] |
| Bier | **birra, la** [ˈbirra] |
| Birne | **pera, la** [ˈpeːra] |
| Blumenkohl | **cavolfiore, il** [kavolˈfioːre] |
| Bohnen | **fagioli, i** [faˈdʒɔːli] |
| Brokkoli | **broccoli, i** [ˈbrɔkkoli] |

| | |
|---|---|
| Brötchen | **panini, i** [paˈniːni] |
| Brot | **pane, il** [ˈpaːne] |
| Butter | **burro, il** [ˈburro] |
| Champignons | **funghi, i** [ˈfuŋgi] |
| Chili | **peperoncino piccante, il** [peperontʃiːno pikˈkante] |
| Eier | **uova, le** [ˈuɔːva] |
| Eis | **gelato, il** [dʒeˈlaːto] |
| Erbsen | **piselli, i** [piˈsɛlli] |
| Erdbeeren | **fragole, le** [ˈfraːgɔle] |
| Essig | **aceto, l'** [aˈtʃeːto] |
| Fisch | **pesce, il** [ˈpeʃʃe] |
| Fleisch | **carne, la** [ˈkarne] |
| Garnelen | **gamberi, i** [ˈgamberi] |
| Gebäck | **pasticcini, i** [pastitˈtʃiːni] |
| Geflügel | **pollame, il** [polˈlaːme] |
| Gemüse | **verdura, la** [verˈduːra] |
| Gewürze | **spezie, le** [ˈspɛttsie] |
| Grapefruit | **pompelmo, il** [pomˈpɛlmo] |
| Gurke | **cetriolo, il** [tʃetriˈɔːlo] |
| Hackfleisch | **carne tritata, la** [ˈkarne triˈtaːta] |
| Hähnchen | **galletto, il** [galˈletto] |
| Himbeeren | **lamponi, i** [lamˈpoːni] |
| Honig | **miele, il** [ˈmiɛːle] |
| Joghurt | **yogurt, lo** [ˈiɔːgurt] |
| Käse | **formaggio, il** [forˈmaddʒo] |
| Kaffee | **caffè, il** [kafˈfɛ] |
| Kalbfleisch | **carne di vitello, la** [ˈkarne di viˈtɛllo] |
| Kapern | **capperi, i** [ˈkapperi] |
| Karotten | **carote, le** [kaˈrɔːte] |
| Kartoffeln | **patate, le** [paˈtaːte] |
| Kekse | **biscotti, i** [bisˈkɔtti] |

| | |
|---|---|
| Kirschen | **ciliegie, le** [tʃiˈliɛːdʒe] |
| Kiwis | **kiwi, i** [ˈkiwi] |
| Knoblauch | **aglio, l'** [ˈaːʎo] |
| Kohl | **cavolo, il** [ˈkaːvolo] |
| Kokosnuss | **noce di cocco, la** [ˈnotʃe di ˈkɔkko] |
| Kotelett | **costoletta, la** [kostoˈletta] |
| Krabben | **granchi, i** [ˈgraŋki] |
| Kräuter | **erbe aromatiche, le** [ˈɛrbe aroˈmaːtike] |
| Kuchen | **dolce, il/torta, la** [ˈdoltʃe/ˈtorta] |
| Kürbis | **zucca, la** [ˈtsuːkka] |
| Lammfleisch | **carne di agnello, la** [ˈkarne di aŋˈŋjɛllo] |
| Lauch | **porro, il** [ˈpɔrro] |
| Limonade | **limonata, la** [limoˈnaːta] |
| Mais | **mais, il** [ˈmaːis] |
| Mandarine | **mandarino, il** [mandaˈriːno] |
| Mandeln | **mandorle, le** [ˈmandorle] |
| Margarine | **margarina, la** [margaˈriːna] |
| Marmelade | **marmellata, la** [marmelˈlaːta] |
| Mehl | **farina, la** [faˈriːna] |
| Melone | **melone, il** [meˈloːne] |
| Milch | **latte, il** [ˈlatte] |
| Mineralwasser | **acqua minerale, l'** [ˈakkua mineˈraːle] |
| Müsli | **muesli, il** [ˈmʏɛsli] |
| Muscheln | **molluschi, i** [molˈluːski] |
| Nudeln | **pasta, la** [ˈpasta] |
| Nüsse | **noci, le** [ˈnotʃi] |
| Obst | **frutta, la** [ˈfrutta] |
| Öl | **olio, l'** [ˈɔːlio] |
| Orangen | **arance, le** [aˈrantʃe] |
| Paprika | **peperone, il** [pepeˈroːne] |
| Peperoni | **peperoncino, i** [pepeˈronˈtʃiːno] |

| | |
|---|---|
| Pfeffer | **pepe, il** [ˈpeːpe] |
| Pfirsich | **pesca, la** [ˈpɛska] |
| Pilze | **funghi, i** [ˈfuŋgi] |
| Putenfleisch | **carne di tacchino, la** [ˈkarne di takˈkiːno] |
| Quark | **formaggio quark, il** [forˈmaddʒo ˈkuark] |
| Reis | **riso, il** [ˈriːso] |
| Rindfleisch | **carne di manzo, la** [ˈkarne di ˈmandzo] |
| Saft | **succo, il** [ˈsukko] |
| Salami | **salame, il** [saˈlaːme] |
| Salat | **insalata, l'** [insaˈlaːta] |
| Salz | **sale, il** [ˈsaːle] |
| Schinken | **prosciutto, il** [proʃˈʃutto] |
| Schokolade | **cioccolato, il** [tʃokkoˈlaːto] |
| Schweinefleisch | **carne di maiale, la** [ˈkarne di maˈiaːle] |
| Sellerie | **sedano, il** [ˈseːdano] |
| Spargel | **asparagi, gli** [asˈpaːradʒi] |
| Spinat | **spinaci, gli** [spiˈnatʃi] |
| Steak | **bistecca, la** [bisˈtekka] |
| Tee | **tè, il** [tɛ] |
| Thunfisch | **tonno, il** [ˈtonno] |
| Tomate | **pomodoro, il** [pomoˈdɔːro] |
| Wasser | **acqua, l'** [ˈakkua] |
| Wein | **vino, il** [ˈviːno] |
| Weintrauben | **grappolo d'uva, il** [ˈgrappolo dˈuːva] |
| Wurst | **affettato, l'** [affetˈtaːto] |
| Zitrone | **limone, il** [liˈmoːne] |
| Zucchini | **zucchino, lo** [tsukˈkiːno] |
| Zucker | **zucchero, lo** [ˈtsukkero] |
| Zwiebel | **cipolla, la** [tʃiˈpolla] |

# Gastronomie

**Können Sie mir ein gutes Restaurant empfehlen?**
**Può consigliarmi un buon ristorante?**
[ˈpuɔ konsiʎaːrmi un ˈbuɔn ristoˈrante]

**Ich möchte für heute Abend einen Tisch für ... Personen reservieren.**
**Vorrei prenotare un tavolo per ... persone per questa sera.**
[vorˈrɛi prenoˈtaːre un ˈtaːvolo per perˈsoːne per ˈkuesta ˈseːra]

**Ich habe einen Tisch auf den Namen ... reserviert.**
**Ho prenotato un tavolo al nome di ...**
[ɔ prenoˈtaːto un ˈtaːvolo al ˈnoːme di]

**Dürfen wir uns zu Ihnen setzen?**
**Possiamo sederci con voi?** [ˈposˈsiaːmo seˈdertʃi kon ˈvoːi]

**Was möchten Sie trinken/essen?**
**Cosa volete bere/mangiare?**
[ˈkɔːza voˈleːte ˈbeːre/manˈdʒaːre]

**Ich möchte ein Glas/eine Flasche Weißwein/Rotwein.**
**Vorrei un bicchiere/una bottiglia di vino bianco/rosso.**
[vorˈrɛi un bikˈkiɛːre/ˈuːna botˈtiːʎa di ˈviːno ˈbiaŋko/ˈrosso]

**Ich nehme ein Bier/einen Saft.**
**Prendo una birra/un succo di frutta.**
[ˈprɛndo ˈuːna ˈbirra/un ˈsukko di ˈfrutta]

**Ich trinke keinen Alkohol.**
**Non bevo alcol.** [non ˈbeːvo ˈalkɔl]

**Bringen Sie mir bitte die Speisekarte!**
**Mi porti il menù, per favore.** [mi ˈpɔrti il meˈnu per faˈvoːre]

## Vor Ort

Wir möchten gerne bestellen.
**Vorremmo ordinare.** [vorˈremmo ordiˈnaːre]

Was können Sie mir empfehlen?
**Cosa mi consiglia?** [ˈkɔːza mi konˈsiʎa]

Welche Vorspeisen haben Sie?
**Quali antipasti ha?** [ˈkuaːli antiˈpasti a]

Ich möchte nur eine Kleinigkeit essen/trinken.
**Vorrei mangiare/bere solo qualcosina.**
[vorˈrɛi manˈdʒaːre/ˈbeːre ˈsoːlo kualkoˈziːna]

Haben Sie auch ...?
**Ha anche ...?** [a ˈaŋke]

Ich möchte bitte nur einen Salat.
**Vorrei solo un'insalata, per favore.**
[vorˈrɛi ˈsoːlo un insaˈlaːta per faˈvoːre]

Ich möchte gerne vegetarisch essen.
**Vorrei mangiare vegetariano.**
[vorˈrɛi manˈdʒaːre vedʒetaˈriaːno]

Wir brauchen noch ein Besteck!
**Ci servono ancora delle posate!**
[tʃi ˈsɛrvono aŋˈkoːra ˈdelle ˈpoːzate]

Haben Sie auch Kinderteller?
**Ha anche delle porzioni per bambini?**
[a ˈaŋke ˈdelle porˈtsioːni per bamˈbiːni]

Leider haben wir kein ... mehr.
**Purtroppo non abbiamo più ...**
[purˈtrɔppo non abˈbiaːmo piu]

Darf es noch etwas sein?
**Desidera ancora qualcosa?**
[deˈsiːdɛra aŋˈkoːra kualˈkɔːza]

Wie möchten Sie Ihr Steak haben?
**Come desidera la Sua bistecca?**
[ˈkoːme deˈziːdɛra la ˈsuːa biˈstekka]

Guten Appetit! **Buon appetito!** [ˈbuɔn appeˈtiːto]

Danke, gleichfalls.
**Grazie, altrettanto.** [ˈgrattsie altretˈtanto]

Zum Wohl! **Salute!** [saˈluːte]

Prost! **Salute!/cin cin!** [saˈluːte/tʃinˈtʃin]

Kann ich noch etwas Brot haben?
**Posso avere ancora un po' di pane?**
[ˈpɔsso aˈveːre aŋˈkoːra un pɔ di ˈpaːne]

Bringen Sie mir bitte noch ...
**Mi porti ancora ..., per favore.**
[mi ˈpɔrti aŋˈkoːra per faˈvoːre]

Das habe ich aber nicht bestellt.
**Non l'ho ordinato.** [non lɔ ordiˈnaːto]

Haben Sie meine Suppe vergessen?
**Ha dimenticato la mia minestra?**
[a dimentiˈkaːto la ˈmiːa miˈnɛstra]

Wo bitte sind die Toiletten?
**Dove è la toilette, per favore?**
[ˈdoːve ɛ la toaˈlɛt per faˈvoːre]

Kann ich Ihnen noch etwas bringen?
**Posso portarle ancora qualcosa?**
[ˈpɔsso portarle aŋˈkoːra kualˈkɔːza]

Hat es Ihnen geschmeckt? **Le è piaciuto?** [le ɛ piaˈtʃuːto]

Es hat hervorragend geschmeckt.
**Era squisito.** [ˈɛːra skuˈiˈziːto]

## Vor Ort

**Möchten Sie eine Nachspeise?**
**Vuole un dessert?** [ˈvuɔːle un deˈsɛːr]

**Danke, im Moment nicht.**
**Grazie, per il momento no.**
[ˈgrattsie per il moˈmento no]

**Stört es Sie/dich, wenn ich rauche?**
**Le/ti dà fastidio se fumo?** [le/ti da fasˈtiːdio se ˈfuːmo]

**Würden Sie/Würdest du mir bitte ... geben?**
**Mi darebbe/daresti ... per favore?**
[mi daˈrebbe/daˈresti per faˈvoːre]

**Kann ich bitte einen Zahnstocher haben?**
**Posso avere uno stuzzicadenti, per favore?**
[ˈpɔsso aˈveːre ˈuːno stuttsikaˈdɛnti per faˈvoːre]

**Wir möchten bitte bezahlen.**
**Il conto, per favore.** [il konto per faˈvoːre]

**Der Rest ist für Sie.**
**Tenga pure il resto.** [ˈtɛnga ˈpuːre il ˈrɛsto]

**Bitte stellen Sie mir eine Quittung aus.**
**Mi faccia una ricevuta, per favore.**
[mi ˈfattʃa ˈuna ritʃeˈvuːta per faˈvoːre]

**Wir hätten gerne getrennte Rechnungen.**
**Vorremmo dei conti separati.**
[vorˈremmo ˈdeːi ˈkonti sepaˈraːti]

**Alles zusammen bitte.**
**Un conto unico, per favore.**
[un ˈkonto ˈuːniko per faˈvoːre]

**Kann es sein, dass Sie sich verrechnet haben?**
**Credo che ci sia un errore nel conto.**
[ˈkredo ke tʃi siːa un erˈroːre nel ˈkonto]

## Vokabeln

| | |
|---|---|
| Abendessen | **cena, la** [ˈtʃeːna] |
| Apfelsaft | **succo di mela, il** [ˈsukko di ˈmeːla] |
| Aschenbecher | **posacenere, il** [posaˈtʃeːnere] |
| Bar | **bar, il** [bar] |
| Beilage | **contorno, il** [konˈtorno] |
| Bier | **birra, la** [ˈbirra] |
| blutig | **al sangue** [al ˈsaŋgue] |
| Bratkartoffeln | **patate arrosto, le** [paˈtaːte arˈrɔsto] |
| Brot | **pane, il** [ˈpaːne] |
| Café | **caffè, il** [kafˈfɛ] |
| Dessertkarte | **carta dei dessert, la** [ˈkarta ˈdeːi deˈsɛːr] |
| Dessertlöffel | **cucchiaino da dessert, il** [kukkiaˈiːno da deˈsɛːr] |
| Diät | **dieta, la** [ˈdiɛːta] |
| Dressing | **condimento per insalata, il** [kondiˈmento per insaˈlaːta] |
| durchgebraten | **ben cotto** [bɛn ˈkɔtto] |
| Eis | **gelato, il** [dʒeˈlaːto] |
| essen | **mangiare** [manˈdʒaːre] |
| fett | **grasso** [ˈgrasso] |
| fettarm | **magro** [ˈmaːgro] |
| Filet | **filetto, il** [fiˈletto] |
| Fisch | **pesce, il** [ˈpeʃʃe] |
| flambiert | **flambé** [flamˈbe] |
| Flasche | **bottiglia, la** [botˈtiʎa] |
| Fleisch | **carne, la** [ˈkarne] |
| Fleischbrühe | **brodo di carne, il** [ˈbrɔːdo di ˈkarne] |
| Folienkartoffel | **patata al cartoccio, la** [paˈtaːta al karˈtɔttʃo] |

| | |
|---|---|
| frisch gepresst | **appena spremuto** [ap'pe:na spre'mu:to] |
| Frühstück | **(prima) colazione, la** ['pri:ma kolat'tsio:ne] |
| frühstücken | **fare colazione** ['fa:re kolat'tsio:ne] |
| Gabel | **forchetta, la** [for'kɛtta] |
| Gedeck | **coperto, il** [ko'pɛrto] |
| Geflügel | **pollame, il** [pol'la:me] |
| Gemüsesuppe | **minestra di verdura, la** [mi'nɛstra di ver'du:ra] |
| gewürzt | **speziato** [spet'tsia:to] |
| Glas | **bicchiere, il** [bik'kiɛ:re] |
| Grillteller | **grigliata, la** [griʎa:ta] |
| hausgemacht | **fatto in casa** ['fatto in 'ka:sa] |
| heiß | **caldo** ['kaldo] |
| Kaffee | **caffè, il** [kaf'fɛ] |
| Kaffeelöffel | **cucchiaino da caffè, il** [kukkia'i:no da kaf'fɛ] |
| Kakao | **cioccolata, la** [tʃokko'la:ta] |
| Kartoffeln | **patate, le** [pa'ta:te] |
| Käse | **formaggio, il** [for'maddʒo] |
| Kellner | **cameriere, il** [kame'riɛ:re] |
| Ketchup | **ketchup, il** ['kɛ:tʃap] |
| Kneipe | **osteria, l'** [oste'ri:a] |
| Knoblauch | **aglio, l'** ['a:ʎo] |
| Kohlensäure | **anidride carbonica, l'** [ani'dri:de kar'bɔ:nika] |
| Kräuter | **erbe aromatiche, le** ['ɛrbe aro'ma:tike] |
| Kuchen | **dolce, il/torta, la** ['doltʃe/'torta] |
| lieblich | **amabile/gradevole** [a'ma:bile/gra'de:vole] |
| Limonade | **limonata, la** [limo'na:ta] |

| | |
|---|---|
| Löffel | **cucchiaio, il** [kukˈkiaːio] |
| mager | **magro** [ˈmaːgro] |
| medium | **medio** [ˈmɛːdio] |
| Messer | **coltello, il** [kolˈtɛllo] |
| Mineralwasser | **acqua minerale, l'** [ˈakkua mineˈraːle] |
| mit | **con** [kon] |
| Mittagessen | **pranzo, il** [ˈprandzo] |
| Nachtisch | **dessert, il** [deˈsɛːr] |
| Nudeln | **pasta, la** [ˈpasta] |
| Obstsalat | **macedonia, la** [matʃeˈdɔːnia] |
| ohne | **senza** [ˈsɛntsa] |
| Öl | **olio, l'** [ˈɔːlio] |
| Oliven | **olive, le** [oˈliːve] |
| Orangensaft | **succo di arancia, il** [ˈsukko di aˈrantʃa] |
| Pfeffer | **pepe, il** [ˈpeːpe] |
| Pizza | **pizza, la** [ˈpittsa] |
| Pommes frites | **patatine fritte, le** [pataˈtiːne ˈfritte] |
| Portion | **porzione, la** [porˈtsioːne] |
| preiswert | **conveniente** [konveˈniɛnte] |
| Pudding | **budino, il** [buˈdiːno] |
| Reis | **riso, il** [ˈriːso] |
| roh | **crudo** [ˈkruːdo] |
| Rührei | **uovo strapazzato, l'** [ˈuɔːvo strapatˈtsaːto] |
| Salat | **insalata, l'** [insaˈlaːta] |
| gemischter | **mista** [ˈmista] |
| grüner | **verde** [ˈverde] |
| Salatsauce | **condimento per l'insalata, il** [kondiˈmento per lˈinsaˈlaːta] |
| Salz | **sale, il** [ˈsaːle] |
| sauer | **acido/aspro** [ˈaːtʃido/ˈaspro] |

| | |
|---|---|
| **scharf** | **piccante** [pik'kante] |
| **Schinken** | **prosciutto, il** [proʃ'ʃutto] |
| **schmecken** | **piacere** [pia'tʃeːre] |
| **Schnitzel** | **scaloppina, la** [skalop'piːna] |
| **Senf** | **senape, la** ['seːnape] |
| **Service** | **servizio, il** [ser'vittsio] |
| **Serviette** | **tovagliolo, il** [tovaʎɔːlo] |
| **Soße** | **salsa, la** ['salsa] |
| **Spezialität des Hauses** | **specialità della casa, la** [spetʃali'ta 'della 'kaːza] |
| **Spiegelei** | **uovo al tegamino, l'** ['uɔːvo al tega'miːno] |
| **Steak** | **bistecca, la** [bi'stekka] |
| **Suppe** | **minestra, la** [mi'nɛstra] |
| **Suppenlöffel** | **cucchiaio, il** [kuk'kiaːio] |
| **süß** | **dolce** ['doltʃe] |
| **Süßstoff** | **dolcificante, il** [doltʃifi'kante] |
| **Tee** | **tè, il** [tɛ] |
| **Thunfisch** | **tonno, il** ['tonno] |
| **Tomatensuppe** | **crema di pomodoro, la** ['krɛːma di pomo'dɔːro] |
| **trinken** | **bere** ['beːre] |
| **Trinkgeld** | **mancia, la** ['mantʃa] |
| **trocken** | **secco** ['sekko] |
| **überbacken** | **al gratin** [al 'gratɛn] |
| **vegetarisch** | **vegetariano** [vedʒeta'riaːno] |
| **Vorspeise** | **antipasto, l'** [anti'pasto] |
| **Wasser** | **acqua, l'** ['akkua] |
| **Weinkarte** | **carta dei vini, la** ['karta 'deːi 'viːni] |
| **Weißwein** | **vino bianco, il** ['viːno 'biaŋko] |
| **Zahnstocher** | **stuzzicadenti, lo** [stuttsika'dɛnti] |
| **Zucker** | **zucchero, lo** ['tsukkero] |

# Speisekarte

## Heiße Getränke

caffè decaffeinato, il [kafˈfɛ dekaffeiˈnaːto]
koffeinfreier Kaffee

caffè nero, il [kafˈfɛ ˈneːro]
schwarzer Kaffee

caffellatte, il [kaffelˈlatte]
Milchkaffee

cappuccino, il [kapputˈtʃiːno]
Cappuccino

cioccolata calda, la [tʃokkoˈlaːta ˈkalda]
heiße Schokolade

tè nero, il [tɛ ˈneːro kon ˈlatte/liˈmoːne]
schwarzer Tee

tisana di frutta, la [tɪˈzaːna di ˈfrutta]
Früchtetee

tisana, la/infuso, l' [tiˈzaːna/inˈfuːzo]
Kräutertee

## Alkoholfreie Getränke

acqua minerale, l' [ˈakkua mineˈraːle]
Mineralwasser

Coca-Cola, la [ˈkɔːka ˈkɔːla]
Cola

limonata (arancia/limone), la [limoˈnaːta aˈrantʃa/liˈmoːne]
Limonade (Orange/Zitrone)

orzata, l' [orˈdzaːta]
Mandelsirup

Sanbitter, il [sanˈbittɛr]
Sanbitter

sciroppo di menta, lo [ʃiˈrɔppo di ˈmenta]
Pfefferminzsirup

succo d'arancia, il [ˈsukko dˈaˈrantʃa]
**Orangensaft**

succo di mela allungato con acqua minerale o vino bianco, il [ˈsukko di ˈmeːla allunˈgaːto kon ˈakkua mineˈraːle o ˈviːno ˈbiaŋko] **Apfelschorle**

succo di mela, il [ˈsukko di ˈmeːla]
**Apfelsaft**

succo di pomodoro, il [ˈsukko di pomoˈdɔːro]
**Tomatensaft**

## Alkoholische Getränke

birra, la [ˈbirra]
**Bier**

Campari, il [kamˈpaːri]
**Campari**

champagne, lo [ʃ ɑmˈpaŋj]
**Champagner**

cognac, il [kɔˈnjak]
**Kognak**

Fernet Branca, il [fɛrˈnɛt ˈbranka]
**Fernet Branca**

gin, il [dʒin]
**Gin**

grappa, la [ˈgrappa]
**Grappa (Tresterbranntwein)**

nocino, il [noˈtʃiːno]
**Nocino (Walnusslikör)**

rum, il [rum]
**Rum**

spumante, lo [spuˈmante]
**Sekt**

vino bianco, il [ˈviːno ˈbiaŋko]
**Weißwein**

vino rosso, il [ˈviːno ˈrosso]
**Rotwein**
vodka, la [ˈvɔdka]
**Wodka**
whisky, il [ˈwiski]
**Whisky**

## Frühstück

affettato, l’ [affetˈtaːto]
**Wurst**
brioche, la [briˈɔʃ]
**Brioche**
burro, il [ˈburro]
**Butter**
cornetto, il [korˈnetto]
**Hörnchen, Croissant**
formaggio, il [forˈmaddʒo]
**Käse**
marmellata, la [marmelˈlaːta]
**Marmelade**
miele, il [ˈmiɛːle]
**Honig**
muesli, il [ˈmyːɛsli]
**Müsli**
pane, il [ˈpaːne]
**Brot**
panini, i [paˈniːni]
**Brötchen**
uovo al tegamino con pancetta, l’
[ˈuɔːvo al tegaˈmiːno kon panˈtʃɛtta]
**Spiegeleier mit Speck**
uovo sodo/alla coque, l’ [ˈuɔːvo ˈsɔːdo/alla kok]
**hartes/weiches Ei**

uovo strapazzato, l' [ˈuɔːvo strapatˈtsaːto]
Rührei
yogurt, lo [ˈiɔːgurt]
Joghurt

## Vorspeisen

antipasto di cozze, l' [antiˈpasto di ˈkɔttse]
Miesmuscheln
antipasto misto, l' [antiˈpasto ˈmisto]
Vorspeisenteller
bresaola con rucola e parmigiano, la
[breˈzaːola kon ˈruːkola e parmiˈdʒaːno]
Bresaola (gesalzenes luftgetrocknetes Rindfleisch) mit Rucola und Parmesan
bruschetta all'aglio, la [brusˈketta allˈaːʎo]
Knoblauchbrot
caprese, la [kaˈpreːse]
Salat aus Tomaten, Mozzarella und Basilikum
carpaccio di pesce, il [karˈpattʃo di ˈpeʃʃe]
Fischcarpaccio
gamberi alla griglia, i [ˈgamberi ˈalla ˈgriːʎa]
gegrillte Garnelen
insalata di frutti di mare, l' [insaˈlaːta di ˈfrutti di ˈmaːre]
Meeresfrüchtesalat
peperoni all'acciuga, i [pepeˈroːni allˈatˈtʃuːga]
Paprika mit Anschovis
prosciutto di parma, il [proʃˈʃutto di ˈparma]
Parmaschinken
prosciutto e melone, il [proʃˈʃutto e meˈloːne]
Schinken mit Melone
salmone affumicato, il [salˈmoːne affumiˈkaːto]
Räucherlachs
verdure alla griglia, le [verˈduːre ˈalla ˈgriːʎa]
Gemüse vom Grill

## Suppen

**brodo di carne, il** [ˈbrɔːdo di ˈkarne]
**Fleischbrühe**
**crema di asparagi, la** [ˈkrɛːma di asˈpaːradʒi]
**Spargelsuppe**
**crema di pomodoro, la** [ˈkrɛːma di pomoˈdɔːro]
**Tomatensuppe**
**minestra di piselli, la** [miˈnɛstra di piˈzɛlli]
**Erbsensuppe**
**minestra di verdura, la** [miˈnɛstra di verˈduːra]
**Gemüsesuppe**
**zuppa di cipolle, la** [ˈdzuppa di tʃiˈpolle]
**Zwiebelsuppe**
**zuppa di pesce, la** [ˈdzuppa di ˈpeʃʃe]
**Fischsuppe**

## Salate

**giardiniera, la** [dʒardiˈniɛːra]
**Salat mit in Essig eingelegtem Gemüse**
**insalata con tonno e fagioli, l'**
[insaˈlaːta kon ˈtonno e faˈdʒɔːli]
**Salat mit Thunfisch und Bohnen**
**insalata di cetrioli, l'** [insaˈlaːta di tʃetriˈɔːli]
**Gurkensalat**
**insalata di pomodori, l'** [insaˈlaːta di pomoˈdɔːri]
**Tomatensalat**
**insalata di riso, l'** [insaˈlaːta di ˈriːso]
**Reissalat**
**insalata mista, l'** [insaˈlaːta ˈmista]
**gemischter Salat**
**insalata piccola, l'** [insaˈlaːta ˈpikkola]
**Beilagensalat**
**insalata verde, l'** [insaˈlaːta ˈverde]
**grüner Salat**

## Nudel- und Reisgerichte

bucantini all'amatriciana, i [buka'tiːni 'all'amatri'tʃaːna]
lange, dünne, röhrenförmige Nudeln mit einer Soße aus Speck und Tomaten

cannelloni ripieni, i [kannel'loːni ri'piɛːni]
gefüllte Cannelloni

gnocchi alla romana, gli ['ŋjɔkki 'alla ro'maːna]
Gnocchi auf römische Art (Kartoffelklößchen mit Käse überbacken)

lasagne al forno, la [la'zaŋje al 'forno]
Lasagne mit Béchamelsauce überbacken

pasta con ragù di carne, la ['pasta kon ra'gu di 'karne]
Nudeln mit Hackfleischssauce

penne all'amatriciana, le ['penne all'amatri'tʃaːna]
mittellange, röhrenförmige Nudeln mit Tomaten und Peperoni

polenta con funghi, la [po'lɛnta kon 'fuŋgi]
Polenta mit Pilzen

ravioli al gratin, i [ra'viɔːli al gra'tɛ]
Gratinierte Ravioli

ravioli con ricotta, i [ra'viɔːli kon ri'kɔtta]
Ravioli mit Ricotta

risotto ai funghi porcini, il [ri'sɔtto ai 'fuŋgi por'tʃiːni]
Risotto mit Steinpilzen

risotto alla milanese, il [ri'sɔtto 'alla mila'neːse]
Safranreis

risotto alle verdure, il [ri'sɔtto 'alle ver'duːre]
Gemüserisotto

risotto con gli asparagi, il [ri'sɔtto kon ʎi as'paːradʒi]
Risotto mit Spargel

spaghetti ai frutti di mare, gli [spa'getti ai 'frutti di 'maːre]
Spaghetti mit Meeresfrüchten

spaghetti al pesto, gli [spa'getti al 'pesto]
Spaghetti mit Pesto

spaghetti alla carbonara, gli [spaˈgetti ˈalla karboˈnaːra]
Spaghetti mit Speck, Eiern, Pfeffer und Parmesan
tagliatelle con crema di spinaci e salmone, le
[taːʎaˈtɛlle kon ˈkrɛːma di spiˈnaːtʃi e salˈmoːne]
Bandnudeln mit Spinat- und Lachssauce

## Fleisch

agnello al forno, l' [aŋˈɲjɛllo al ˈforno]
gebackenes Lammfleisch
agnello, l' [aˈɲjɛllo]
Lamm
arrosto di manzo, l' [arˈrɔsto di ˈmandzo]
Rinderbraten
bistecca, la [bisˈtekka]
Steak
cervo, il [ˈtʃɛrvo]
Hirsch
coniglio in umido, il [koˈniːʎo in ˈuːmido]
geschmortes Kaninchen
coniglio, il [koˈniːʎo]
Kaninchen
costoletta, la [kostoˈletta]
Kotelett
fegato alla veneziana, il [ˈfeːgato ˈalla venetˈtsiaːna]
Leber auf venezianische Art (mit Weißwein, Zwiebeln, Pfeffer und Kräutern)
fegato, il [ˈfeːgato]
Leber
filetto, il [fiˈletto]
Filet
lepre, la [ˈlɛːpre]
Hase
lingua, la [ˈliŋgua]
Zunge

maiale, il [maˈiaːle]
Schwein
manzo, il [ˈmandzo]
Rind
polpettone con spinaci, il [polpetˈtoːne kon spiˈnaːtʃi]
Hackbraten mit Spinat
rognoni con funghi, i [roŋˈŋjoːni kon ˈfuŋgi]
Nieren mit Pilzsauce
rognoni, i [roŋˈŋjoːni]
Niere
spiedini di pollo, gli [spieˈdiːni di ˈpollo]
Hühnerspieß
trippa con patate [ˈtrippa kon paˈtaːte]
Kutteln mit Kartoffeln
vitello tonnato, il [viˈtɛllo tonˈnaːto]
Kalbfleisch in Thunfischsauce
vitello, il [viˈtɛllo]
Kalb

## Geflügel

ala, l' [ˈaːla]
Flügel
anatra, l' [ˈaːnatra]
Ente
cappone ripieno, il [kapˈpoːne riˈpiɛːno]
gefüllter Kapaun
coscia, la [ˈkɔʃʃa]
Keule
fagiano, il [faˈdʒaːno]
Fasan
galletto, il [galˈletto]
Hähnchen
oca, l' [ˈɔːka]
Gans

pernice, la [perˈniːtʃe]
**Rebhuhn**
pollo al limone, il [ˈpollo al liˈmoːne]
**Huhn mit Zitrone**
pollo al rosmarino, il [ˈpollo al rozmaˈriːno]
**Huhn mit Rosmarin**
pollo alla romana , il [ˈpollo ˈalla roˈmaːna]
**Huhn auf römische Art (mit Paprika)**
pollo allo spiedo, il [ˈpollo ˈallo ˈspiɛːdo]
**Huhn vom Spieß**
tacchino, il [takˈkiːno]
**Truthahn**

## Fisch

anguilla, l' [aŋˈguilla]
**Aal**
aringa, l' [aˈriŋga]
**Hering**
dentice al forno, il [ˈdɛntitʃe al ˈforno]
**gebratene Zahnbrasse**
frittura di pesce, la [fritˈtuːra di ˈpeʃʃe]
**gebackene Fische**
ippoglosso, l' [ippoˈglosso]
**Heilbutt**
merluzzo, il [merˈluttso]
**Kabeljau**
orata al limone, l' [oˈraːta al liˈmoːne]
**Goldbrasse mit Zitrone**
pesce persico, il [ˈpeʃʃe ˈpɛrsiko]
**Barsch**
platessa al limone, la [plaˈtessa al liˈmoːne]
**Scholle mit Zitrone**
rombo, il [ˈrombo]
**Steinbutt**

salmone, il [salˈmoːne]
Lachs
sardina, la [sarˈdiːna]
Sardine
sogliola, la [ˈsɔːʎola]
Seezunge
tonno ai capperi, il [ˈtonno ai ˈkapperi]
Thunfisch mit Kapern
triglia in salsa piccante, le [ˈtriːʎa in ˈsaːlsa ˈpikkante]
Seebarbe mit pikanter Sauce

## Meeresfrüchte

astaco, l' [ˈastako]
Flusskrebs
astice, l' [ˈastitʃe]
Hummer
calamari fritti, i [kalaˈmaːri ˈfritti]
frittierte Kalmare
calamari ripieni, i [kalaˈmaːri riˈpiɛːni]
gefüllte Kalmare
capesante, le [kapeˈsante]
Jakobsmuscheln
cozze gratinate, le [ˈkɔttse gratiˈnaːte]
gratinierte Miesmuscheln
cozze, le [ˈkɔttse]
Miesmuscheln
gamberi, i [ˈgamberi]
Garnelen
granchio, il [ˈgraŋkio]
Krebs
molluschi, i [mɔlˈluːski]
Muscheln
ostriche in salsa piccante, le [ˈɔstrike in ˈsaːlsa ˈpikkante]
Austern in pikanter Sauce

seppia, la [ˈseppia]
Tintenfisch
seppie in umido, le [ˈseppie in ˈuːmido]
geschmorte Tintenfische

## Gemüse und Beilagen

asparagi, gli [asˈpaːradʒi]
Spargel
broccoletti lessi, i [brokkoˈletti ˈlessi]
gegarter Brokkoli
cavolfiori gratinati, i [kavolˈfioːri gratiˈnaːti]
gratinierter Blumenkohl
cavolo, il [ˈkaːvolo]
Kohl
cipolle, le [tʃiˈpolle]
Zwiebeln
fagioli, i [faˈdʒɔːli]
dicke Bohnen
fagiolini, i [fadʒoˈliːni]
grüne Bohnen
finocchi gratinati, i [fiˈnɔkki gratiˈnaːti]
gratinierter Fenchel
funghi, i [ˈfuŋgi]
Pilze
melanzane alla parmigiana, le
[melanˈtsaːne ˈalla parmiˈdʒaːna]
Auberginen „Parmigiana" (mit Tomatensauce und Parmesankäse im Ofen überbackenn)
patate al forno, le [paˈtaːte al ˈforno]
Ofenkartoffel
patate arrosto, le [paˈtaːte arˈrɔsto]
Bratkartoffeln
patate lesse, le [paˈtaːte ˈlesse]
Salzkartoffeln

patatine fritte, le [pataˈtiːne ˈfritte]
**Pommes frites**
peperoni alla griglia, i [pepeˈroːni ˈalla ˈgriːʎa]
**gegrillte Paprika**
peperoni, i [pepeˈroːni]
**Paprika**
piselli, i [piˈsɛlli]
**Erbsen**
pomodori, i [pomoˈdɔːri]
**Tomaten**
porro, il [ˈpɔrro]
**Lauch**
purè di patate, il [puˈrɛ di paˈtaːte]
**Kartoffelbrei**
riso, il [ˈriːso]
**Reis**
spinaci, gli [spiˈnaːtʃi]
**Spinat**
zucchini in umido, gli [ˈtsukkiːni in ˈuːmido]
**geschmorte Zucchini**

## Obst

albicocche, le [albiˈkɔkke]
**Aprikosen**
arancia, l' [aˈrantʃa]
**Orange**
ciliege, le [tʃiˈliɛːdʒe]
**Kirsche**
fragole di bosco, le [ˈfraːgɔle di ˈbosko]
**Walderdbeeren**
fragole, le [ˈfraːgɔle]
**Erdbeeren**
mela, la [ˈmeːla]
**Apfel**

melone, il [meˈloːne]
Melone
pesche, le [ˈpɛske]
Pfirsiche
prugne, le [ˈpruŋje]
Pflaumen

## Dessert

cassata siciliana, la [ˈkassaːta sitʃiˈliaːna]
sizilianische Schichttorte (gefüllt mit Quark, kandierten Früchten und Schokolade)
crostata di frutta, la [ˈkrostaːta di ˈfrutta]
Mürbeteigkuchen mit Obst
dolce, il [ˈdoltʃe]
Kuchen
gelato misto, il [dʒeˈlaːto ˈmisto]
gemischtes Eis
macedonia di frutta, la [matʃeˈdɔːnia di ˈfrutta]
Obstsalat
profiteroles, i [profiˈterɔl]
Profiteroles
tiramisù, il [tiramiˈsu]
Tiramisù
torta di mele, la [ˈtɔrta di ˈmeːle]
Apfelkuchen

## Snacks

calzone ripieno con: formaggio, prosciutto, verdura ...
[kalˈtsoːne riˈpiɛno kon forˈmaddʒo saˈlaːme proʃˈʃutto verˈduːra]
Pizzafladen gefüllt mit Käse, Schinken, Gemüse ...
amburger, l' [amˈburgɛr]
Hamburger

panino imbottito con ..., il
[paˈniːno imbotˈtiːto kon]
**belegtes Brötchen mit ...**
... affettato, l' [affetˈtaːto]
**... Wurst**
... formaggio, il [forˈmaddʒo]
**... Käse**
... prosciutto, il [proʃˈʃutto]
**... Schinken**
patatine fritte, le [pataˈtiːne ˈfritte]
**Pommes frites**
pizzetta, la [ˈpitˈtseːtta]
**kleine Pizza**
toast, il [ˈtɔst]
**Toast**
tramezzino, il [tramedˈdziːno]
**Tramezzino**

## Käse

formaggio di capra, il [forˈmaddʒo di ˈkaːpra]
**Ziegenkäse**
gorgonzola, il [gorgonˈdzɔːla]
**Gorgonzola**
mozzarella, la [mottsaˈrɛlla]
**Mozzarella**
parmigiano, il [parmiˈdʒaːno]
**Parmesankäse**
pecorino, il [pekoˈriːno]
**Schafskäse**
provolone, il [provoˈloːne]
**Brüh- und Knetkäse**
ricotta , la [riˈkɔːtta]
**Weichkäse aus Kuh- oder Schafsmilch**

# Wetter

**Wie soll heute/morgen das Wetter werden?**
**Come sarà il tempo oggi/domani?**
[ˈkoːme saˈra il ˈtɛmpo ˈɔddʒi/doˈmaːni]

**Es bleibt schön/schlecht.**
**Resterà bello/cattivo.** [resteˈra ˈbɛllo/katˈtiːvo]

**Es wird besser/schlechter.**
**Migliorerà/peggiorerà.** [miʎoreˈra/peddʒoreˈra]

**Es sieht nach Regen aus.**
**C'è aria di pioggia.** [tʃɛ ˈaːria di ˈpiɔddʒa]

**Es soll heute noch ein Gewitter geben.**
**Ci dovrebbe essere un altro temporale oggi.**
[tʃi doˈvrebbe ˈɛssere un altro tempoˈraːle ˈɔddʒi]

**Heute war es den ganzen Tag sehr warm/kalt.**
**Oggi ha fatto molto caldo/freddo tutto il giorno.**
[ˈɔddʒi a ˈfatto ˈmolto ˈkaldo/ˈfreddo ˈtutto il ˈdʒorno]

**Wie viel Grad haben wir?**
**Quanti gradi abbiamo?** [ˈkuanti ˈgraːdi abˈbiaːmo]

**Es sind ... Grad. Ci sono ... gradi.** [tʃi ˈsoːno ˈgraːdi]

**Es regnet/schneit. Piove/nevica.** [ˈpiɔːve/ˈneːvika]

**Wann soll der Regen aufhören?**
**Quando smetterà di piovere?**
[ˈkuando zmetteˈra di ˈpiɔːvere]

**Die Straßen sind glatt.**
**Le strade sono scivolose.** [le ˈstraːde ˈsoːno ʃivoˈloːse]

**Es ist sehr windig. Tira molto vento.** [ˈtiːra ˈmolto ˈvɛnto]

## Vokabeln

| | |
|---|---|
| bewölkt | **nuvoloso** [nuvoˈloːso] |
| Blitz | **lampo, il** [ˈlampo] |
| diesig | **umido e fosco** [ˈuːmido e ˈfosko] |
| Donner | **tuono, il** [ˈtuɔːno] |
| eisig | **gelido** [ˈdʒɛːlido] |
| Frost | **gelo, il** [ˈdʒɛːlo] |
| Gewitter | **temporale, il** [tempoˈraːle] |
| Glatteis | **ghiaccio, il** [ˈgiattʃo] |
| Hagel | **grandine, la** [ˈgrandine] |
| heiß | **caldo** [ˈkaldo] |
| kalt | **freddo** [ˈfreddo] |
| kühl | **fresco** [ˈfresko] |
| Luft | **aria, l'** [ˈaːria] |
| nass | **bagnato** [baŋˈɲjaːto] |
| Nebel | **nebbia, la** [ˈnebbia] |
| nebelig | **nebbioso** [nebˈbioːso] |
| Regen | **pioggia, la** [ˈpiɔddʒa] |
| regnerisch | **piovoso** [pioˈvoːso] |
| Schnee | **neve, la** [ˈneːve] |
| schwül | **afoso** [afoːso] |
| sonnig | **soleggiato** [soledˈdʒaːto] |
| Sturm | **tempesta, la** [temˈpɛsta] |
| stürmisch | **tempestoso** [tempesˈtoːso] |
| Tauwetter | **disgelo, il** [dizˈdʒɛːlo] |
| Temperatur | **temperatura, la** [temperaˈtuːra] |
| trocken | **asciutto** [aʃˈʃutto] |
| warm | **caldo** [ˈkaldo] |
| wechselhaft | **variabile** [vaˈriabile] |
| Wetterbericht | **bollettino meteorologico, il** [bolletˈtiːno meteoroˈlɔːdʒiko] |
| Wind | **vento, il** [ˈvɛnto] |

# Notfälle

Bitte rufen Sie die Polizei.
**Chiami la polizia, per favore.**
[ˈkiaːmi la politˈtsiːa per faˈvoːre]

Man hat mir meine Papiere gestohlen.
**Mi hanno rubato i documenti.**
[mi ˈanno ruˈbaːto i dokuˈmenti]

Man hat mein Auto aufgebrochen.
**Mi hanno scassinato la macchina.**
[mi ˈanno skassiˈnaːto la ˈmakkina]

Es hat einen Unfall gegeben.
**C'è stato un incidente.** [tʃɛ ˈstaːto un intʃiˈdɛnte]

Rufen Sie schnell einen Krankenwagen und die Polizei.
**Chiami subito un'ambulanza e la polizia.**
[ˈkiaːmi ˈsubito un ambuˈlantsa e la politˈtsiːa]

Es ist nicht meine Schuld gewesen.
**Non è stata colpa mia.** [non ɛ ˈstaːta ˈkolpa ˈmiːa]

Der andere hat die Vorfahrt missachtet.
**L'altro conducente ha ignorato la precedenza.**
[lˈaltro konduˈtʃɛnte a iŋjoˈraːto la pretʃeˈdɛntsa]

Sie sind zu schnell gefahren.
**Lei guidara troppo veloce.** [lɛːi guiˈdaːra ˈtroppo veˈlotʃe]

Sie sind zu dicht aufgefahren und konnten nicht mehr rechtzeitig bremsen.
**Non ha rispettato la distanza di sicurezza e non ha più potuto frenare in tempo.**
[non a rispetˈtaːto la distantsa di sikuˈrettsa e non a piu poˈtuːto freˈnaːre in ˈtɛmpo]

**Bitte geben Sie mir Ihren Namen und Ihre Adresse.**
**Mi dia il Suo nome e il Suo indirizzo, per favore.**
[mi ˈdiːa il ˈsuːo ˈnoːme e il ˈsuːo indiˈrittso per faˈvoːre]

**Bitte geben Sie mir den Namen Ihrer Versicherung und Ihre Versicherungsnummer.**
**Mi dia il nome e il numero della Sua assicurazione, per favore.**
[mi ˈdiːa il ˈnoːme e il ˈnumero ˈdella ˈsuːa assikuratˈtsioːne per faˈvoːre]

**Können Sie eine Zeugenaussage machen?**
**Può rilasciare una testimonianza?**
[ˈpuɔ rilaʃˈʃaːre ˈuːna testimoˈniantsa]

**Ich möchte, dass wir die Polizei holen.**
**Voglio che chiamiamo la polizia.**
[ˈvɔːʎo ke kiaˈmiaːmo la politˈtsiːa]

**Bitte kommen Sie schnell.**
**Venga subito, per favore.** [ˈvenga ˈsubito per faˈvoːre]

**Ich bin verprügelt worden.**
**Sono stato picchiato.** [ˈsoːno ˈstaːto pikˈkiaːto]

**Ich bin unschuldig. Sono innocente.** [ˈsoːno innoˈtʃɛnte]

**Hier brennt es! Qui c'è un incendio!** [kuˈi tʃe un inˈtʃɛndio]

**Wir sind in unserem Zimmer eingesperrt.**
**Siamo bloccati nella nostra camera.**
[ˈsiaːmo blokˈkaːti ˈnella ˈnɔstra ˈkaːmera]

**Bitte unterschreiben Sie hier.**
**Firmi qui, per favore.** [ˈfirmi kuˈi per faˈvoːre]

**Sie müssen dieses Formular ausfüllen.**
**Deve compilare questo modulo.**
[ˈdeːve kompiˈlaːre ˈkuesto ˈmodulo]

## Vokabeln

| | |
|---|---|
| Anwalt | **avvocato, l'** [avvoˈkaːto] |
| Anzeige | **denuncia, la** [deˈnuntʃa] |
| anzeigen | **denunciare** [denunˈtʃaːre] |
| aufbrechen | **scassinare/forzare** [skassiˈnaːre/forˈtsaːre] |
| Autoradio | **autoradio, l'** [autoˈraːdio] |
| belästigen | **importunare/molestare** [importuˈnaːre/molesˈtaːre] |
| beobachten | **osservare** [osserˈvaːre] |
| Bescheinigung | **certificato, il** [tʃertifiˈkaːto] |
| Dieb | **ladro, il** [ˈlaːdro] |
| Feuerwehr | **pompieri/vigili del fuoco, i** [pomˈpiɛːri/ˈviːdʒili del ˈfuɔːko] |
| Geldbeutel | **borsellino, il** [borselˈliːno] |
| Handtasche | **borsetta, la** [borˈsetta] |
| Konsulat | **consolato, il** [konsoˈlaːto] |
| Löschzug | **squadra di autopompe, la** [ˈskuaːdra di autoˈpompe] |
| Sanitäter | **infermiere, l'** [inferˈmiɛːre] |
| Schlägerei | **rissa, la** [ˈrissa] |
| Sprungtuch | **telo di salvataggio, il** [ˈteːlo di salvatadˈdʒo] |
| Strafzettel | **multa, la** [ˈmulta] |
| Täter | **colpevole, il** [kolˈpeːvole] |
| Überfall | **aggressione, la** [aggresˈsioːne] |
| Verletzte, -er, -e | **feriti, i/ferito, il/ferita, la** [feˈriːti/feˈriːto/feˈriːta] |
| Versicherung | **assicurazione, la** [assikuratˈtsioːne] |
| wertvoll | **prezioso/di valore** [pretˈtsioːso/di vaˈloːre] |
| Zeuge | **testimone, il** [testiˈmɔːne] |

# Gesundheitliche Probleme

Rufen Sie bitte einen Notarzt.
**Chiami il pronto soccorso, per favore.**
[ˈkiaːmi ɪl ˈprono sokˈkorːso per faˈvoːre]

Welche Apotheke hat Nachtdienst/Bereitschaft?
**Quale farmacia fa il servizio notturno/è di turno?**
[ˈkuaːle farmatˈtʃiːa fa il serˈvittsio notˈtuːrno/ɛ di ˈturno]

Haben Sie etwas gegen ...?
**Ha qualcosa contro ...?** [a kualˈkɔːza ˈkontro]

Das haben wir im Moment nicht vorrätig.
**Questo non è disponibile al momento.**
[ˈkuesto non ɛ dispoˈniːbile al moˈmento]

Das müssen wir bestellen.
**Dobbiamo ordinarlo.** [dobˈbiaːmo ordiˈnarlo]

Haben Sie ein Rezept dafür?
**Ha una ricetta per questo?** [a ˈuːna riˈtʃɛtta per ˈkuesto]

Können Sie mir einen guten Allgemeinarzt empfehlen?
**Può consigliarmi un buon medico generico?**
[ˈpuɔ konsiʎaːrmi un ˈbuɔn ˈmɛːdiko dʒeˈnɛːriko]

Wann hat er Sprechstunde?
**Qual è il suo orario di ambulatorio?**
[kual ɛ ɪl soːo ɔˈraːrio di ambulaˈtɔrio]

Geben Sie mir bitte einen Termin.
**Mi dia un appuntamento, per favore.**
[mi ˈdiːa un appuntaˈmento per faˈvoːre]

Hier tut es weh. **Fa male qui.** [fa ˈmaːle kuˈi]

**Ich bin erkältet. Sono raffreddato.** [ˈsoːno raffredˈdaːto]

**Ich habe Atembeschwerden.**
**Faccio fatica e respirare.** [ˈfattʃo faˈtiːka a respiˈraːre]

**Ich habe starke Kopf-/Halsschmerzen.**
**Ho un gran mal di testa/di gola.**
[ɔ un graːn mal di ˈtɛsta/ˈgoːla]

**Ich habe mich (die ganze Nacht) übergeben müssen.**
**Ho vomitato (tutta la notte).** [ɔ vomiˈtaːto ˈtutta la ˈnɔtte]

**Mir ist schlecht/schwindelig.**
**Mi sento male/ho le vertigini.**
[mi ˈsɛnto ˈmaːle/ɔ le vertidˈdʒini]

**Ich war ohnmächtig. Sono svenuto.** [ˈsoːno zveˈnuːto]

**Ich bin gestürzt. Sono caduto.** [ˈsoːno kaˈduːto]

**Ich kann den Arm/das Bein nicht mehr bewegen.**
**Non riesco più a muovere il braccio/la gamba.**
[non ˈriɛsko piu a ˈmuɔːvere il ˈbrattʃo/la ˈgamba]

**Mich hat ein Hund/eine Schlange gebissen.**
**Sono stato morso da un cane/un serpente.**
[ˈsoːno ˈstaːto ˈmɔrso da un ˈkaːne/un serˈpɛnte]

**Ich bin allergisch auf ...**
**Sono allergico a ...** [ˈsoːno alˈlɛrdʒiko a]

**Ich bin (nicht) gegen ... geimpft.**
**(Non) sono vaccinato contro ...**
[non ˈsoːno vattʃiˈnaːto ˈkontro]

**Ich bin Diabetiker. Sono diabetico.** [ˈsoːno diaˈbɛːtiko]

**Ich bin im ... Monat schwanger.**
**Sono incinta al ... mese.** [ˈsoːno inˈtʃinta al ˈmeːse]

**Vor kurzem hatte ich ...**
**Poco tempo fa ho avuto ...** [ˈpɔko ˈtɛmpo fa ɔ aˈvuːto]

**Was ist die Diagnose?**
**Qual è la diagnosi?** [ˈkuaːl ɛ la diˈaŋjozi]

**Können Sie mir bitte ein Attest ausstellen.**
**Può rilasciarmi un certificato medico, per favore?**
[ˈpuɔ rilaʃˈʃarmi un tʃertifiˈkaːto ˈmɛːdiko per faˈvoːre]

**Ich möchte die Behandlung in Deutschland fortsetzen.**
**Vorrei proseguire la terapia in Germania.**
[vorˈrɛi proseˈguiːre la teraˈpiːa in dʒerˈmaːnia]

**Meine Versicherung kümmert sich um den Rücktransport.**
**La mia assicurazione provvederà al rimpatrio.**
[la ˈmiːa assikuratˈtsioːne provvedeˈra al rimˈpaːtrio]

**Bitte informieren Sie meine Familie.**
**Informi la mia famiglia, per favore.**
[inˈformi la ˈmiːa faˈmiʎa per faˈvoːre]

**Bitte geben Sie mir etwas gegen meine Schmerzen/ zum Einschlafen.**
**Per favore, mi dia qualcosa contro i miei dolori/ per dormire.**
[per faˈvoːre mi ˈdiːa kualˈkɔːsa ˈkontro i ˈmiɛi doˈloːri/per dorˈmiːre]

**Ich möchte auf eigene Verantwortung gehen.**
**Vorrei andarmene sotto la mia stessa responsabilità.**
[vorˈrɛi anˈdarmene ˈsotto la ˈmiːa responsabiliˈta]

**Kommen Sie um ... Uhr. Venga alle ...** [ˈvenga ˈalle]

**Haben Sie Schmerzen? Ha male?** [a ˈmaːle]

**Wo tut es weh? Dove fa male?** [ˈdoːve fa ˈmaːle]

**Sind Sie gegen irgendwelche Medikamente allergisch?**
**È allergico a qualche medicinale?**
[ɛ alˈlɛrdʒiko a ˈkualke meditʃiˈnaːle]

**Machen Sie sich bitte oben herum frei.**
**Si scopra il torace, per favore.**
[si ˈskɔːpra il toˈraːtʃe per faˈvoːre]

**Sind Sie gegen Tetanus geimpft?**
**È vaccinato contro il tetano?**
[ɛ vattʃiˈnaːto ˈkontro il ˈtɛːtano]

**Ich muss Ihnen Blut abnehmen.**
**Le devo prelevare del sangue.**
[le ˈdeːvo preleˈvaːre del ˈsaŋgue]

**Sie brauchen mehrere Tage Bettruhe.**
**Deve riposare a letto per parecchi giorni.**
[ˈdeːve ripoˈsaːre a ˈlɛtto per paˈrekki ˈdʒorni]

**Sie müssen in ein Krankenhaus.**
**Deve andare in ospedale.** [ˈdeːve anˈdaːre in ospeˈdaːle]

**Dafür möchte ich keine Verantwortung übernehmen.**
**Non voglio assumermi questa responsabilità.**
[non ˈvɔʎo asˈsuːmermi ˈkuesta responsabiliˈta]

**Kommen Sie nächste Woche zum Fädenziehen.**
**Venga la settimana prossima per togliere i punti.**
[ˈvenga la settiˈmaːna ˈprɔssima per ˈtɔːʎere i ˈpunti]

**Der Arm ist wahrscheinlich gebrochen.**
**Il braccio è probabilmente rotto.**
[il ˈbrattʃo ɛ probabilˈmente ˈrotto]

**Wir müssen den Fuß röntgen.**
**Dobbiamo fare una radiografia al piede.**
[dobˈbiaːmo ˈfaːre ˈuːna radiograˈfiːa al ˈpiɛːde]

Sie bekommen einen Gips.
**Dobbiamo ingessarla.** [dobˈbiaːmo indʒesˈsaːrla]

Sie müssen operiert werden.
**Deve essere operato.** [ˈdeːve ˈɛssere opeˈraːto]

Ich muss zum Zahnarzt.
**Devo andare dal dentista.** [ˈdeːvo anˈdaːre dal denˈtista]

Dieser Zahn hier tut weh.
**Questo dente fa male.** [ˈkuesto ˈdɛnte fa ˈmaːle]

Mir ist eine Füllung herausgefallen.
**Mi è saltata un'otturazione.**
[mi ɛ salˈtaːta un otturatˈtsioːne]

Ich habe eine Krone verloren.
**Ho perso una capsula.** [ɔ ˈpɛrso ˈuːna ˈkapsula]

Ich habe mir einen Zahn ausgeschlagen.
**Mi sono rotto un dente.** [mi ˈsoːno ˈrotto un ˈdɛnte]

Mir ist ein Zahn abgebrochen.
**Mi si è spezzato un dente.** [mi si ɛ spetˈtsaːto un ˈdɛnte]

Bitte behandeln Sie mich nur mit/ohne Spritze.
**Mi faccia/non mi faccia l'anestesia.**
[mi fattʃa/non mi fattʃa lˈnesteˈsiːa]

Öffnen Sie den Mund. **Apra la bocca.** [ˈaːpra la ˈbɔkka]

Ich muss den Zahn ziehen.
**Devo estrarre il dente.** [ˈdeːvo esˈtrarre il ˈdɛnte]

Sie haben ein Loch im Zahn.
**Ha un buco nel dente.** [a un ˈbuːko nel ˈdɛnte]

Essen Sie in den nächsten zwei Stunden nichts.
**Non mangi nulla nelle prossime due ore.**
[non ˈmandʒi ˈnulla ˈnelle ˈprɔssime ˈduːe ˈoːre]

## Vokabeln

*Krankheiten und Symptome*

| | |
|---|---|
| Abszess | **ascesso, l'** [aʃˈʃɛsso] |
| Aids | **AIDS, l'** [aidiˈɛsse/ˈaids] |
| Allergie | **allergia, l'** [allerˈdʒiːa] |
| Angina | **angina, l'** [anˈdʒiːna] |
| Asthma | **asma, l'** [ˈazma] |
| Atembeschwerden | **difficoltà respiratorie, le** [diffikolˈta respiraˈtɔːrie] |
| Ausschlag | **eruzione cutanea, l'** [erutˈtsioːne kuˈtaːnea] |
| Bänderriss | **strappo ai legamenti, lo** [ˈstrappo ai legaˈmenti] |
| Bindehaut-entzündung | **congiuntivite, la** [kondʒuntiˈviːte] |
| Blähungen | **flatulenza, la** [flatuˈlɛntsa] |
| Blasenentzündung | **cistite, la** [tʃisˈtiːte] |
| Blinddarm-entzündung | **appendicite, l'** [appendiˈtʃiːte] |
| Blutdruck | **pressione, la** [presˈsioːne] |
| hoher | **alta** [presˈsioːne ˈalta] |
| niedriger | **bassa** [presˈsioːne ˈbassa] |
| Blutung | **emorragia, l'** [emorraˈdʒiːa] |
| Blutvergiftung | **setticemia, la** [settitʃeˈmiːa] |
| Bronchitis | **bronchite, la** [broŋˈkiːte] |
| Bruch | **frattura, la** [fratˈtuːra] |
| Diabetes | **diabete, il** [diaˈbɛːte] |
| Diphtherie | **difterite, la** [difteˈriːte] |
| Durchfall | **diarrea, la** [diarˈrɛːa] |
| Eiter | **pus, il** [pus] |
| Entzündung | **infiammazione, l'** [infiammatˈtsioːne] |

| | |
|---|---|
| **Erbrechen** | **vomito, il** [ˈvɔːmito] |
| **Erkältung** | **raffreddore, il** [raffredˈdoːre] |
| **Fieber** | **febbre, la** [ˈfɛbbre] |
| **Gallenstein** | **calcolo biliare, il** [ˈkalkolo biˈliaːre] |
| **Gehirnerschütterung** | **commozione cerebrale, la** [kommotˈtsioːne tʃereˈbraːle] |
| **Gelenkschmerzen** | **artralgia, l'** [artralˈdʒiːa] |
| **Geschlechtskrankheit** | **malattia venerea, la** [malatˈtiːa veˈnɛːrea] |
| **Geschwür** | **ulcera, l'** [ˈultʃɛra] |
| **Grippe** | **influenza, l'** [influˈɛntsa] |
| **Hämorrhoiden** | **emorroidi, le** [emorˈrɔːidi] |
| **Halsschmerzen** | **mal di gola, il** [mal di ˈgoːla] |
| **Heiserkeit** | **raucedine, la** [rauˈtʃɛːdine] |
| **Hepatitis** | **epatite, l'** [epaˈtiːte] |
| **Herpes** | **herpes, l'** [ˈɛrpes] |
| **Herzanfall** | **attacco cardiaco, l'** [atˈtakko karˈdiːako] |
| **Herzinfarkt** | **infarto cardiaco, l'** [inˈfarto karˈdiːako] |
| **Heuschnupfen** | **raffreddore da fieno, il** [raffredˈdoːre da ˈfiɛːno] |
| **Hexenschuss** | **colpo della strega, il** [ˈkolpo ˈdɛlla ˈstreːga] |
| **Husten** | **tosse, la** [ˈtosse] |
| **Infektion** | **infezione, l'** [infetˈtsioːne] |
| **Karies** | **carie, la** [ˈkaːrie] |
| **Keuchhusten** | **pertosse, la** [perˈtosse] |
| **Kinderlähmung** | **poliomielite, la** [poliomieˈliːte] |
| **Kopfschmerzen** | **mal di testa, il** [mal di ˈtɛsta] |
| **Krampf** | **crampo, il** [ˈkrampo] |
| **Krankheit** | **malattia, la** [malatˈtiːa] |
| **Krebs** | **cancro, il** [ˈkaŋkro] |

| | |
|---|---|
| Kreislaufstörung | **disturbo circolatorio, il** [disˈtuːrbo tʃirkolaˈtɔːrio] |
| Lähmung | **paralisi, la** [paˈraːlizi] |
| Lebensmittel-vergiftung | **intossicazione alimentare, l'** [intossikatˈtsioːne alimenˈtaːre] |
| Leistenbruch | **ernia inguinale, l'** [ˈɛrnia inguiˈnaːle] |
| Leukämie | **leucemia, la** [leutʃeˈmiːa] |
| Loch (im Zahn) | **buco, il** [ˈbuːko] |
| Lungen-entzündung | **polmonite, la** [polmoˈniːte] |
| Magenschmerzen | **dolori di stomaco, i** [doˈloːri di ˈstɔːmako] |
| Mandel-entzündung | **tonsillite, la** [tonsilˈliːte] |
| Masern | **morbillo, il** [morˈbillo] |
| Menstruations-beschwerden | **dolori mestruali, i** [doˈloːri mestruˈaːli] |
| Migräne | **emicrania, l'** [emiˈkraːnia] |
| Müdigkeit | **stanchezza, la** [staŋˈkettsa] |
| Multiple Sklerose | **sclerosi multipla, la** [skleˈrɔːzi ˈmultipla] |
| Mumps | **orecchioni, gli** [orekˈkioːni] |
| Muskelfaserriss | **strappo delle fibre muscolari, lo** [ˈstrappo ˈdelle ˈfiːbre muskoˈlaːri] |
| Muskelzerrung | **strappo muscolare, lo** [ˈstrappo muskoˈlaːre] |
| Nierenkolik | **colica renale, la** [ˈkɔːlika reˈnaːle] |
| Nierenstein | **calcolo renale, il** [ˈkalkolo reˈnaːle] |
| Ohnmacht | **svenimento, lo** [zveniˈmento] |
| Parodontose | **paradontosi, la** [paradonˈtɔːzi] |
| Prellung | **contusione, la** [kontuˈzioːne] |

| | |
|---|---|
| **Rheuma** | **reumatismo, il** [reuma'tizmo] |
| **Röteln** | **rosolia, la** [rozo'liːa] |
| **Rückenschmerzen** | **mal di schiena, il** [mal di 'skiɛːna] |
| **Scharlach** | **scarlattina, la** [skarlat'tiːna] |
| **Schlaganfall** | **colpo apoplettico, il** ['kolpo apo'plɛttiko] |
| **Schmerzen** | **dolori, i** [do'loːri] |
| **Schnupfen** | **raffreddore, il** [raffred'doːre] |
| **Schock** | **choc, lo** [ʃɔk] |
| **Schüttelfrost** | **brividi di febbre, i** ['briːvidi di 'fɛbbre] |
| **Schweißausbruch** | **sudore freddo, il** [su'doːre 'freddo] |
| **Sehstörungen** | **disturbo della vista, il** [dis'turbo 'della 'vista] |
| **Sodbrennen** | **bruciore di stomaco, il** [bru'tʃoːre di 'stɔːmako] |
| **Sonnenbrand** | **scottatura, la** [skottat'tuːra] |
| **Sonnenstich** | **insolazione, l'** [insolat'tsioːne] |
| **Tetanus** | **tetano, il** ['tɛːtano] |
| **Tuberkulose** | **tubercolosi, la** [tuberko'lɔːzi] |
| **Unterleibs-schmerzen** | **dolori al basso ventre, i** [do'loːri 'al 'basso 'vɛntre] |
| **Verbrennung** | **ustione, l'** [us'tioːne] |
| **Verletzung** | **ferita, la** ['feːrita] |
| **verrenkt** | **lussato** [lus'saːto] |
| **verschoben** | **spostato** [spos'taːto] |
| **Verstauchung** | **slogatura, la** [zloga'tuːra] |
| **Verstopfung** | **stitichezza, la** [stiti'kettsa] |
| **Windpocken** | **varicella, la** [vari'tʃɛlla] |
| **Wunde** | **ferita/piaga, la** ['feːrita/'piaːga] |
| **Zahnfleisch-entzündung** | **gengivite, la** [dʒen'dʒi'viːte] |
| **Zahnschmerzen** | **mal di denti, il** [mal di 'dɛnti] |

***Ärzte und Behandlung***

| | |
|---|---|
| Augenarzt | **oculista, l'** [oku'lista] |
| Chirurg | **chirurgo, il** [ki'rurgo] |
| Diagnose | **diagnosi, la** [di'aŋŋjozi] |
| Facharzt | **medico specialista, il** ['mɛːdiko spetʃa'lista] |
| Frauenarzt | **ginecologo, il** [dʒine'kɔːlogo] |
| Hals-Nasen-Ohren-Arzt | **otorinolaringoiatra, l'** [otorinolariŋgo'iaːtra] |
| Hautarzt | **dermatologo, il** [derma'tɔːlogo] |
| Kinderarzt | **pediatra, il** [pe'diaːtra] |
| Krankenhaus | **ospedale, l'** [ospe'daːle] |
| Krankenkasse | **cassa malattia/mutua, la** ['kassa malat'tiːa/'muːtua] |
| Krankenschein | **modulo per la mutua, il** ['mɔːdulo per la 'muːtua] |
| Krankenschwester | **infermiera, l'** [infer'miɛːra] |
| Orthopäde | **ortopedico, l'** [orto'pɛːdiko] |
| Pfleger | **infermiere, l'** [infer'miɛːre] |
| praktischer Arzt | **ambulatorio, il** [ambula'tɔːrio] |
| Praxis | **studio medico, lo** ['stuːdio 'mɛːdiko] |
| Spezialist | **specialista, lo** [spetʃa'lista] |
| Spritze | **puntura, la/iniezione, l'** [pun'tuːra/iniet'tsioːne] |
| Termin | **appuntamento, l'** [appunta'mento] |
| Tierarzt | **veterinario, il** [veteri'naːrio] |
| Ultraschall | **ecografia, l'** [ekogra'fiːa] |
| Untersuchung | **visita, la/analisi, l'** ['viːzita/a'naːlizi] |
| Urologe | **urologo, l'** [u'rɔːlogo] |
| verschreiben | **prescrivere** [pres'kriːvere] |
| Zahnarzt | **dentista, il** [den'tista] |

# Zahlen

## Grundzahlen

Kardinalzahlen sind unveränderlich (außer zero, milione und miliardo; sie bilden den Plural auf -i: due zeri, dieci miliardi) und männlich (il due – die (Zahl) Zwei). Die Zahl uno verhält sich wie der unbestimmte Artikel.

0 – zero
1 – uno
2 – due
3 – tre
4 – quattro
5 – cinque
6 – sei
7 – sette
8 – otto
9 – nove
10 – dieci
11 – undici
12 – dodici
13 – tredici
14 – quattordici
15 – quindici
16 – sedici
17 – diciassette
18 – diciotto
19 – diciannove
20 – venti
21 – ventuno

## Uhrzeit

Stundenangaben stehen mit dem bestimmten Artikel;
Um ... Uhr wird mit der Präposition a gebildet:
Wie viel Uhr ist es? – Che ora è?/Che ore sono?
Es ist 10:10 Uhr. – Sono le (ore) dieci e dieci (minuti).
Es ist fast ein Uhr. – È' quasi l'una.
um 12:15 Uhr – alle dodici e quindici/le dodici e un quarto
2:40 Uhr – le due e quaranta/le tre meno venti
3:45 Uhr – le tre e quarantacinque/le quattro meno quindici/le quattro meno un quarto
16:50 Uhr – le sedici e cinquanta/le cinque meno 10

# Kleine Grammatik

## Adjektiv

Adjektive dienen zur näheren Bestimmung des Substantivs, das sie begleiten. Sie können vor oder nach dem Substantiv stehen und richten sich nach ihm in Zahl und Geschlecht.
Die Bildung des Maskulinums, des Femininums und des Plurals erfolgt im Prinzip nach den gleichen Regeln wie bei den Substantiven. Man unterscheidet drei große Gruppen von Adjektiven:

a) Adjektive mit jeweils eigener Endung für Maskulinum, Femininum, Singular und Plural:

| | Singular | Plural |
|---|---|---|
| Maskulinum | caro | cari |
| Femininum | cara | care |

b) Adjektive mit nur einer Endung für Maskulinum und Femininum ändern ihre Endung nur im Plural:

| | Singular | Plural |
|---|---|---|
| Maskulinum/ Femininum | breve | brevi |

Weitere Beispiele: difficile, forte, dolce, pesante, grave.

c) unveränderliche Adjektive wie zum Beispiel:
pari, dispari – numeri pari, ore dispari
rosa, blu, marrone – una camicetta rosa, un vestito blu, degli abiti marrone

## Adverb

Adverbien dienen zur näheren Bestimmung:
a) einer Handlung: Laura lavora volentieri.
b) eines Adjektives: Questo libro è interessante.
c) eines anderen Adverbes: Sto molto bene.
d) eines ganzen Satzes: Purtroppo dobbiamo partire.

Bildung der abgeleiteten Adverbien:
Adverbien, sofern sie keine eigene Form haben, werden aus der weiblichen Form des Adjektives + -mente gebildet, zum Beispiel: certo – cert**a**mente, vero – ver**a**mente.

Bei Adjektiven, die auf -re oder -le enden, entfällt das „e" vor -mente, zum Beispiel: facile – facilmente.

## Artikel
## Der bestimmte Artikel

Der bestimmte Artikel steht vor dem Substantiv und bestimmt dessen Zahl und Geschlecht.

| | Singular | Plural |
|---|---|---|
| Maskulinum | il (der, das) | i (die) |
| Femininum | la (die) | le (die) |

Ausnahmen:
a) Vor männlichen Substantiven, die mit s + Konsonant, mit z, j, oder ps beginnen, steht der Artikel lo im Singular und gli im Plural, zum Beispiel: lo studente – gli studenti, lo zio – gli zii, lo psicologo – gli psicologi.

b) Vor Substantiven, die mit einem Vokal beginnen, wird im Singular immer apostrophiert und im Plural steht im Maskulinum gli und im Femininum le, zum Beispiel: l'amico – gli amici, l'amica – le amiche.

In Verbindung mit Präpositionen kommt es zu einer Verschmelzung des bestimmten Artikels und der Präposition. Dies ist obligatorisch für di, a, da, in, su:

| Maskulinum | Femininum |
|---|---|
| di + il = del (ragazzo) | di + la = della (ragazza) |
| di + lo = dello (zio) | di + la = della (zia) |
| di + l' = dell'(amico) | di + la = dell' (amica) |
| di + i = dei (ragazzi) | di + le = delle (ragazze) |
| di + gli = degli (amici) | di + le = delle (amiche) |

Nach dem gleichen Schema werden folgende Zusammensetzungen gebildet:

| | |
|---|---|
| a + bestimmter Artikel: | al, allo, all', ai, agli im Maskulinum und alla, all', alle im Femininum |
| da + ...: | dal, dallo, dall', dai, dagli im Maskulinum und dalla, dall', dalle im Femininum |
| in + ...: | nel, nello, nell', nei, negli im Maskulinum und nella, nell', nelle im Femininum |
| su + ...: | sul, sullo, sull', sui, sugli im Maskulinum und sulla, sull', sulle im Femininum |

Bei den Präpositionen con und per ist die Verschmelzung mit dem nachfolgenden bestimmten Artikel fakultativ, bei den Präpositionen fra/tra findet nie eine Verschmelzung statt. Auch der unbestimmte Artikel wird nie mit einer Präposition verschmolzen.

## Der unbestimmte Artikel

Der unbestimmte Artikel steht vor dem Substantiv und bestimmt dessen Zahl und Geschlecht.

| | Singular | Plural |
|---|---|---|
| Maskulinum | un (einer, ein) | dei (einige) |
| Femininum | una (eine) | delle (einige) |

Ausnahmen:

a) Vor männlichen Substantiven, die mit s + Konsonant, mit z, j oder ps beginnen, steht uno im Singular und degli im Plural: uno studente – degli studenti, uno zio – degli zii, uno psicologo – degli psicologi.

b) Vor weiblichen Substantiven, die mit einem Vokal beginnen, wird im Singular immer apostrophiert und im Plural steht delle. Vor männlichen Substantiven mit Vokal steht im Plural degli: un'amica – delle amiche, aber: un amico – degli amici.

## Pronomen

### Personalpronomen

Durch ein Personalpronomen kann ein Substantiv ersetzt werden. Sie werden im Italienischen meist nicht gesprochen, da die handelnde Person bereits an der Verbform erkennbar ist.

| | |
|---|---|
| io – ich | noi – wir |
| tu – du | voi – ihr |
| lui/lei – er/sie | loro – sie |
| Lei – Sie (Anrede) | Loro – Sie (Anrede) |

### Reflexivpronomen

Reflexive Verben im Infinitiv sind an dem angehängten -si zu erkennen, zum Beispiel meravigliarsi (sich wundern):

| | |
|---|---|
| (io) | mi meraviglio |
| (tu) | ti meravigli |
| (lui/lei) | si meraviglia |
| (noi) | ci meravigliamo |
| (voi) | vi meravigliate |
| (loro) | si meravigliano |

## Relativpronomen

1) che der, die, das (Nominativ)
den, die, das (Akkusativ)
Zum Beispiel: la persona che mi ha chiamato ieri (die Person, die mich gestern anrief).

2) cui an dem/die, für den/die, von dem/der/denen ...
Zum Beispiel: L'amico (a) cui ho telefonato ieri ... (Der Freund, den ich gestern anrief ...).

3) il quale, i quali, la quale, le quali (statt che oder cui)
Zum Beispiel: Ho sentito la sorella di Claudio, la quale è ritornata prima dalla villeggiatura.
(Ich habe die Schwester von Claudio gehört, die früher aus dem Ferienort zurückgekehrt ist.)

## Demonstrativpronomen

Questo (dieser), quello (jener) und ciò (das, was) ändern ihre Form entsprechend dem Substantiv (nach dem gleichen Schema wie bei di oder a + bestimmter Artikel). Questo und quello können auch ohne Hauptwort verwendet werden.

| | Singular | Plural |
|---|---|---|
| Maskulinum: | questo (quest')/<br>quello (quel/quell') | questi/<br>quelli (quegli) |
| Femininum: | questa (quest')/<br>quella (quell') | queste/<br>quelle |

Zum Beispiel: quella casa lassù (das/jenes Haus da oben).

## Possessivpronomen

Possessivpronomen richten sich nach dem Substantiv, das besessen wird (nicht wie im Deutschen nach dem, welches besitzt), und stehen zusammen mit dem bestimmten Artikel:

| Singular | Maskulinum | Femininum |
| --- | --- | --- |
| mein | il mio libro | la mia stanza |
| dein | il tuo libro | la tua stanza |
| sein/ihr | il suo libro | la sua stanza |
| unser | il nostro libro | la nostra stanza |
| euer | il vostro libro | la vostra stanza |
| ihr | il loro libro | la loro stanza |

| Plural | Maskulinum | Femininum |
| --- | --- | --- |
| meine | i miei libri | le mie stanze |
| deine | i tuoi libri | le tue stanze |
| seine/ihre | i suoi libri | la sue stanze |
| unsere | i nostri libri | le nostre stanze |
| eure | i vostri libri | le vostre stanze |
| ihre | i loro libri | le loro stanze |

## Interrogativpronomen

| | |
| --- | --- |
| Chi? – Wer? | Chi è? (Wer ist da?) |
| Che cosa? – Was? | Che cosa hai detto? (Was hast du gesagt?) |
| Che...? – Was für ein...? | Che tipo è? (Was für ein Typ ist er?) |
| Quale/quali – Welcher/welche? (Singular und Plural) | Quali prendi? (Welche nimmst du? (hier Plural)) |
| Quanto? – Wie viel? | Quanto costa? (Wie viel kostet das?) |

## Satzbau
### Wortstellung

Bei Aussage-, Ausrufe- und Nebensätzen lautet die Reihenfolge: Subjekt – Prädikat – direktes Objekt – indirektes Objekt – Umstandsergänzung Ort/Zeit/Art und Weise/

... oder weitere Ergänzung. Zum Beispiel: A Roma fa caldo d'estate. Che bella giornata è oggi!

Die Inversion von Subjekt und Prädikat verwendet man:
a) zur Hervorhebung des Subjekts: Verranno anche i miei genitori. E' stato malato Mario?
b) in Fragesätzen: Perchè non è venuto tuo marito?
c) in Ausrufesätzen: Ecco il pane.

## Verneinung

Bei der einfachen Verneinung setzt man ein „non“ vor das zu verneinende Verb, Hilfsverb oder einen Satzteil. Die Wortstellung ist wie beim Aussagesatz, zum Beispiel: Ieri sera non ho scritto la lettera a Maria. Ieri sera non gliel'ho scritta. Non ieri sera ma stamattina ho scritto la lettera a Maria. (nicht gestern Abend, sondern heute morgen ...)

## Substantiv

Substantive werden nicht dekliniert, das heißt es gibt keine Fälle, sondern nur direkte, indirekte oder präpositionale Objektergänzungen. Die meisten Substantive haben jeweils eine Endung für Maskulinum, Femininum, Singular und Plural. Es gibt nur zwei grammatikalische Geschlechter: das Maskulinum und das Femininum.

Substantive auf -o sind in der Regel männlich, zum Beispiel: il ragazzo, l'albero, il viaggio, il fratello, il libro.

Substantive auf -a sind in der Regel weiblich, zum Beispiel: la ragazza, la valigia, la sorella, la libreria.

Substantive auf -e, -i oder solche, die mit Konsonant enden, können maskulin oder feminin sein:

- il padre – la madre, il cantante – la cantante
- la crisi, la metropoli, la sintesi
- il film, lo sport, il gas, il tram

Die meisten Substantive enden im Plural auf -i beziehungsweise auf -e, zum Beispiel: il ragazzo – i ragazzi, la mano – le mani, il padre – i padri.

Auf Konsonanten, auf -ie oder betontem Vokal endende Substantive sowie einsilbige Wörter sind unveränderlich, zum Beispiel: il film – i film, la serie – le serie, la città – le città, il re – i re.

Weibliche Substantive auf -ca/-ga bilden den Plural auf -che/-ghe, zum Beispiel: l'amica – le amiche, la riga – le righe.

Männliche Substantive auf -co/-go bilden den Plural meistens auf:

a) -ci/-gi, wenn ein Vokal vorangeht: l'amico – gli amici
b) -chi/-ghi, wenn ein Konsonant vorangeht: il chirurgo – i chirurghi, und in Wörtern, die aus nur zwei Silben bestehen: l'arco – gli archi

## Verb

Die Konjugation der Verben wird durch Anzahl und Geschlecht des Subjekts, durch Zeit und Modus bestimmt und lässt sich an der jeweiligen Endung erkennen. Verben werden meist ohne das subjektivische Personalpronomen gebraucht, zum Beispiel: mangio – ich esse. Im Italienischen gibt es die unregelmäßigen Hilfsverben essere, avere, (potere, dovere, volere) und die regelmäßigen und unregelmäßigen Vollverben auf -are, -ere und -ire.

## Konjugation

Regelmäßige Verben auf **-are**, zum Beispiel parlare (sprechen).

| | |
|---|---|
| (io) | parl-o |
| (tu) | parl-i |
| (lui/lei) | parl-a |
| (noi) | parl-iamo |
| (voi) | parl-ate |
| (loro) | parl-ano |

Regelmäßige Verben auf **-ere** werden wie Verben auf -are konjugiert außer, dass vor der Endung ein „e" anstelle von „a" steht.

Regelmäßige Verben auf **-ire** werden wie Verben auf -ere konjugiert außer, dass vor der Endung ein „i" anstelle von „e" steht:

Nachfolgend einige unregelmäßige Verben:

| Präsens | **essere** (sein) | **avere** (haben) |
|---|---|---|
| (io) | sono | ho |
| (tu) | sei | hai |
| (lui/lei) | è | ha |
| (noi) | siamo | abbiamo |
| (voi) | siete | avete |
| (loro) | sono | hanno |

| | **andare** (gehen) | **fare** (machen) |
|---|---|---|
| (io) | vado | faccio |
| (tu) | vai | fai |
| (lui/lei) | va | fa |
| (noi) | andiamo | facciamo |
| (voi) | andate | fate |
| (loro) | vanno | fanno |

# Reisewortschatz von A–Z

## Deutsch–Italienisch

A

abbiegen (nach rechts/links); girare/svoltare (a destra/a sinistra)
Abend; sera, la
aber; ma
abfahren; partire
abholen; andare a prendere
ablehnen; rifiutare
abreisen; partire
abschließen; chiudere (a chiave)
achten (auf); badare a
Achtung; attenzione, l'
ähnlich; simile
aktuell; attuale
Alkohol; alcol, l'
all -e, -s; tutto,-a,-i,-e
allein; solo
alt; vecchio/anziano
Ampel; semaforo, il
anbieten; offrire
anderer,-e,-es; altro,-a,-i,-e
ändern; modificare/cambiare
anfangen; iniziare
Anfrage; richiesta (d'offerta), la
Angebot; offerta, l'
Angehörige; familiari, i/parenti, i
Angst; paura, la
anhalten; fermare
ankommen; arrivare
annehmen; accettare
anrufen; chiamare (qn)/telefonare (a qn)
anschauen; guardare
Antwort; risposta, la
Anzeige; annuncio, l'/denuncia, la (juristisch)
anziehen; indossare
Apotheke; farmacia, la
arbeiten; lavorare
arm; povero
auch; anche
Aufenthalt; soggiorno, il
auffordern; invitare a/esortare a
Aufgabe; compito, il
aufhören; smettere
aufschreiben; scrivere/annotare/prendere nota
aufstehen; alzarsi
Auftrag; ordine, l'
aufwachen; svegliarsi
Augenblick; attimo, l'
Auskunft; informazione, l'

Ausland; estero, l'
Ausländer; straniero, lo
Ausnahme; eccezione, l'
auspacken; disfare la valigia
ausruhen; riposarsi
ausschalten; spegnere
aussehen; avere l'aria di
außen; fuori/all'esterno
aussteigen; scendere da
auswendig; a memoria
ausziehen; togliersi

## B

Baby; bebè, il/neonato, -a, il/la
Bach; ruscello, il
baden; fare il bagno
Bahn; treno, il/Ferrovie Italiane, le
bald; presto/fra poco
Ball; palla, la/pallone, il
Bank; banca, la
bar; in contanti
Baum; albero, l'
beantragen; richiedere
bedeuten; significare
bedienen; servire
beeilen; affrettarsi/fare in fretta
Beginn; inizio, l'
begrüßen; salutare
behalten; (ri)tenere
Behälter; contenitore, il
Behörde; autorità, l'/ente, l'
Bein; gamba, la
Beispiel; esempio, l'
bekannt; conosciuto/noto
bekommen; ricevere
beliebt; popolare/in voga
benutzen; usare/utilizzare
bequem; comodo
beraten; consigliare/dare consigli
Berg; monte, il
Beruf; professione, la/mestiere, il
berühmt; celebre/famoso
berühren; toccare
beschädigen; danneggiare
besichtigen; visitare
besser; meglio/migliore
bestätigen; confermare
besuchen; andare a trovare/visitare
betrachten; guardare/considerare
betrunken; ubriaco
Bevölkerung; popolazione, la
bewegen; muovere
Beziehung; rapporto, il/relazione, la
bieten; offrire
billig; economico/a buon mercato
bisschen; un poco/un po'

bitten; pregare
bleiben; rimanere
Blitz; fulmine, il
blond; biondo
Blume; fiore, il
bluten; sanguinare
Boden; pavimento, il
Bonbon; caramella, la
Boot; barca, la
brauchen; aver bisogno di/ necessitare
brechen; rompere
breit; largo
brennen; ardere/bruciare
Brieftasche; portafoglio, il
bringen; portare
Brust; petto, il/seno, il
Buch; libro, il
buchen; prenotare
Buchstabe; lettera, la
bunt; variopinto
Büro; ufficio, l'

C

Chance; opportunità, l'
Chef; capo/padrone, il
Computer; computer, il/ pc, il

D

Dach; tetto, il
dafür; per/favorevole
dagegen; invece/ al contrario
Dame; signora, la
dankbar; grato
danken; ringraziare
Datum; data, la
dauern; durare
Decke; coperta, la (Bett~)/ soffitto, il (Zimmer~)
dein, -e; tuo,-a (Singular)/ tuoi, tue (Plural)
denken; pensare
denn; poiché/giacché
derzeit; attualmente
deutsch; tedesco
Deutsche, -er; tedesca,-o
Deutschland; Germania, la
dicht; denso/fitto/folto
Dieb; ladro, il
dieser, -e, -es; questo,-a
dir; ti/a te
doch (ja, doch!); sì/ma sì
Dorf; paese, il/villaggio, il
draußen; fuori
dringend; urgente
drinnen; dentro
dritter, -e, -es; terzo,-a
du; tu
dunkel; buio
dürfen; potere/avere il permesso di
Durst; sete, la

E

ebenfalls; altrettanto
echt; genuino/autentico

eigener, -e, -es; proprio,-a
ein, -e, -es; uno,-a
einfach; semplice
einkaufen; comprare/ fare la spesa
einladen; invitare
einschalten; accendere
einschlafen; addormentarsi
einsteigen; salire su
eintreten; entrare
einverstanden; d'accordo
Einwohner; abitante, l'
einzeln; singolarmente
Eltern; genitori, i
Ende; fine, la
eng; stretto
entdecken; scoprire
entgegen; contrariamente a
entscheiden; decidere
enttäuscht; deluso
er; lui/egli
Erde; terra, la
Ereignis; avvenimento, l'/ evento, l'
erfahren; apprendere/ venire a; sapere
erhalten; ricevere/mantenere/conservare
erinnern; ricordare
erklären; spiegare
erlauben; permettere
erleben; vivere/vedere/ conoscere
erschrecken; spaventare
erster, -e, -es; primo, -a
Erwachsener; adulto, l'
erwarten; aspettare
es; esso/il
essen; mangiare
Essen; cibo, il
Esszimmer; sala da pranzo, la
etwa; circa/approssimativamente
euch; voi
euer, eure; vostro,-a,-i,-e

F

fahren; andare (in macchina/in treno)
Fahrrad; bicicletta, la
fallen; cadere
falsch; falso/sbagliato/ finto (unecht)
Farbe; colore, il
fast; quasi/pressoché
faul; marcio (Frucht)/ pigro (Person)
fehlen; mancare
Fehler; errore l'/sbaglio, lo/ difetto, il (Maschine)
Feier; festa, la
Ferien; ferie, le/vacanze, le
fernsehen; guardare la TV (la televisione)
feucht; umido
Feuer; fuoco, il

finden; trovare
Finger; dito, il
flach; piatto/piano
fliegen; volare/andare in aereo
Fluss; fiume, il
fotografieren; fotografare qn/fare una foto a qn
Frage; domanda, la
Frau; donna, la/Signora, la (Anrede)
frei; libero
Freiheit; libertà, la
fremd; sconosciuto (unbekannt)
Fremdsprache; lingua straniera, la
Freude; gioia, la
freuen; rallegrarsi
freundlich; amichevole/gentile
frieren; aver freddo
fühlen; sentire/provare
führen; condurre
für; per
fürchten; temere
Fuß; piede, il

G

ganz; tutto/completamente
Garten; giardino, il
geben; dare
Gedanke; pensiero, il
gefährlich; pericoloso
gefallen; piacere
gegen; contro/verso
Gegenstand; oggetto, l'
gegenüber; di fronte/dirimpetto
geheim; segreto/confidenziale
gehen; andare (a piedi)
gehören; appartenere
Gelegenheit; occasione, l'/opportunità, l'
genug; abbastanza
geradeaus; sempre diritto
geschehen; succedere/accadere
Geschirr; stoviglie, le
Gesicht; faccia, la/viso, il
Gespräch; conversazione, la/colloquio, il
gesund; sano
gewinnen; vincere
gewiss; certo/sicuro
glauben; credere
gleich; uguale/identico
gleicher,-e,-es; lo stesso/la stessa
gleichfalls; altrettanto
Glück; fortuna, la/felicità, la
glücklich; fortunato/felice
Gott; Dio, il
Großmutter; nonna, la
Großvater; nonno, il

Grund; ragione, la/motivo, il
Gruppe; gruppo, il
grüßen; salutare
günstig; favorevole/ propizio

H

Haar; pelo, il/capello, il (Kopf~)
haben; avere
halb; mezzo
Hälfte; metà, la
halten; tenere
Handtasche; borsa, la
hart; duro
hässlich; brutto
Hauptstadt; capitale, la
Haus; casa, la
heiß; (molto) caldo/ bollente (Gerichte)
helfen; aiutare qn
hell; chiaro/lucido
Herbst; autunno, l'
Herr; Signore, il (Anrede)
hier; qui
Hilfe; aiuto, l'
Himmel; cielo, il
hinsetzen; porre/sedersi (sich ~)
hinter; dietro
hoch; (in) alto
hoffen; sperare
hoffentlich; speriamo che
höflich; cortese
Höhe; altezza, l'
holen; andare a prendere
hören; sentire/udire
Hund; cane, il
Hunger; fame, la

I

ich; io
immer; sempre
Industrie; industria, l'
innen; all'interno/dentro
Insel; isola, l'
interessant; interessante
interessieren; interessarsi a
irgendwo; da qualche parte
ist; è
Italien; Italia, l'
italienisch; italiano

J

Jahr; anno, l'
jeder, -e, -es; ogni/tutti i/ tutte le
jemand; qualcuno, -a
jetzt; adesso/ora
jung; giovane

K

kalt; freddo
kaputt; rotto/guasto
Kasten; cassa, la
Katze; gatto, il
kaufen; comprare/ acquistare

kaum; appena
kein, -e, -er; nessuno, -a (nur im Singular)
kennen; conoscere
Kerze; candela, la
Kirche; chiesa, la
klingeln; suonare (alla porta)/squillare (il telefono)
klopfen; bussare
klug; intelligente/sveglio
kochen; cucinare
kommen; venire
können; potere/sapere
Körper; corpo, il
kosten; costare/assaggiare (Essen)
krank; malato
Krankenhaus; ospedale, l'
Kreuzung; incrocio, l'
Küche; cucina, la
Kugelschreiber; biro, la
Kultur; cultura, la/civiltà, la
kurz; breve/corto
Küste; costa, la/litorale, il

L

lachen; ridere
Lage; posizione, la/situazione, la
Lampe; lampada, la
Land; paese, il/terra, la
lang; lungo
lange; a lungo/molto tempo
langsam; lento/lentamente
langweilig; noioso
Lärm; rumore, il/chiasso, il
lassen; lasciare/far fare (veranlassen)
Lastkraftwagen; camion, il
laufen; correre/far footing
laut; forte/a voce alta (~ sprechen)/chiassoso/rumoroso
Leben; vita, la
leben; vivere
lebendig; vivo, -a
Lebensmittel; generi alimentari, i
leer; vuoto
Lehrer; insegnante, l'
leicht; leggero/facile/semplice
Leid tun; dispiacere/rincrescere
leider; purtroppo
leise; piano/a bassa voce
lenken; guidare (Auto)
lernen; imparare
lesen; leggere
letzter, -e, -es; ultimo, -a
Licht; luce, la
lieb; caro
lieben; amare
Lied; canzone, la
liegen; giacere/essere sdraiato/essere/stare

Liter; litro, il
Literatur; letteratura, la
Loch; buco, il/apertura, l'
locker; allentato/lento (Schraube)/traballante (wackelig)
Luft; aria, l'
Lüge; bugia, la
lustig; allegro (Person)/ divertente (Sache)

M

machen; fare/mettere
man; si
manchmal; qualche volta
Mann; uomo, l'
Markt; mercato, il
Meer; mare, il
mehr; (di) più
mein, -e; il mio, la mia (Singular)/i miei, le mie (Plural)
Meinung; opinione, l'/ parere, il
Mensch; uomo, l'
merken; notare/memorizzare/accorgersi di (be~)
Miete; affitto, l'/noleggio, il
mieten; prendere in affitto (Wohnung)/noleggiare (Sachen)
Minute; minuto, il
Missverständnis; malinteso, il/equivoco, l'
mit; con
mitkommen; accompagnare/venire con
mitnehmen; portare via (con sé)
Mittag; mezzogiorno, il
Mitte; metà, la/centro, il
Mitternacht; mezzanotte, la
mögen; voler bene a qn (jemanden gernhaben)/ qc piace a qn (jemandem gefällt eine Sache)
Möglichkeit; possibilità, la
Moment; momento, il/ attimo, l'
Monat; mese, il
Mond; luna, la
Morgen; mattina, la/ mattino, il
müde; stanco
Müll; rifiuti, i
müssen; dovere
Muttersprache; madrelingua, la

N

nachdenken; riflettere
Nachmittag; pomeriggio, il
nächster, -e, -es; il prossimo, la prossima
Nacht; notte, la
Nachteil; svantaggio, lo
nah(e); vicino (a)
nass; bagnato

Natur; natura, la
natürlich; naturale, naturalmente
neben; accanto a
nehmen; prendere
nervös; nervoso
nett; gentile/simpatico
neugierig; curioso
neulich; recentemente
nicht; non
nichts; niente
niedrig; basso
niemand; nessuno
nirgends; da nessuna parte
Norden; nord, il/settentrione, il
normal; normale
nötig; necessario
Notruf; chiamata di soccorso, la (113, il)
notwendig; necessario

## O

oben; su/in cima/sopra
oder; o/oppure
Ofen; forno, il
offen; aperto
öffentlich; (in) pubblico
öffnen; aprire
oft; spesso
ohne; senza
ordentlich; ordinato
Osten; est, l'/oriente, l'
Ostern; Pasqua, la
Österreich; Austria, l'
österreichisch; austriaco

## P/Q

paar; un paio
Paar; coppia, la
Papier; carta, la
passen; andar bene/far comodo
Person; persona, la
persönlich; personalmente/di persona
Pflanze; pianta, la
Pflicht; dovere, il
Plan; piano, il/progetto, il/pianta, la (Stadt~)
planen; progettare/fare progetti
Portion; porzione, la
praktisch; pratico
privat; privato
pro; a
probieren; assaggiare (Essen)/provare (Kleidung)
Problem; problema, il
prüfen; esaminare/verificare/collaudare
pünktlich; puntuale
putzen; pulire
quer; di traverso
Quittung; ricevuta, la

R

Rad fahren; andare in bicicletta
Radio; radio, la
rau; ruvido (Oberfläche)/rozzo (Manieren)
rauchen; fumare
reagieren; reagire
Reaktion; reazione, la
rechnen; fare i conti/calcolare
recht; giusto
rechts; destro
Rechtsanwalt; avvocato, l'
reden; parlare
Regal; scaffale, lo
Regel; regola, la
regeln; sistemare (Angelegenheit)/regolare/assestare (Gerät)
Regenschirm; ombrello, l'
regieren; governare
Regierung; governo, il
reich; ricco
Reihenfolge; ordine, l'
Reisebüro; agenzia di viaggi, l'
reiten; andare a cavallo
Rest; resto, il
retten; salvare
richtig; giusto/corretto
Richtung; direzione, la
Rücksicht; riguardo, il
rückwärts; (all') indietro
rufen; chiamare
Ruhe; tranquillità, la/calma, la
ruhig; tranquillo/calmo
rund; rotondo

S

Sache; cosa, la
sagen; dire
satt; sazio
sauber; pulito
schade; peccato
Schalter; sportello, lo/interruttore, l' (Elektronik)
scharf; piccante/forte (Geschmack)/affilato (Messer)
schauen; guardare
schenken; regalare
Schere; forbici, le
schieben; spingere
schief; inclinato/storto
schimpfen; insultare
schlafen; dormire
schlank; snello/slanciato
schlecht; cattivo/male
schließen; chiudere
schlimm; grave/cattivo
Schlitten; slitta, la
Schluss; fine, la
schmal; stretto/sottile
schmutzig; sporco
schneiden; tagliare
schnell; veloce(-mente)/rapido(-amente)/presto

Schnupfen; raffreddore, il
schön; bello
schrecklich; terribile/
orrendo
schreiben; scrivere
schreien; gridare
Schublade; cassetto, il
schuldig; colpevole
Schule; scuola, la
Schüssel; ciotola, la
schütten; versare
schwach; debole/fiacco
schweigen; tacere/stare
in silenzio
Schweiz; Svizzera, la
schwer; pesante
schwierig; difficile
schwimmen; nuotare
sehen; vedere
sehr; molto
sein, -e; suo, sua
Seite; lato, il/fianco, il/
pagina, la (Buch~)
selbst; stesso
selten; raro/raramente
seltsam; curioso/strano
Sessel; poltrona, la
setzen; porre/mettere
sich; sé
sicher; sicuro/certo
sie; lei/ella
singen; cantare
sitzen; essere seduto
Ski; sci, lo
Sofa; divano, il
sofort; subito/
immediatamente
sogar; perfino
sollen; dovere
Sommer; estate, l'
Sonne; sole, il
Sorge; preoccupazione, la
so viel; tanto/per quanto
sowie; quanto/come
sowohl; tanto ... quanto/
e ... e (~ als auch)
Spanien; Spagna, la
spanisch; spagnolo
Spanisch; spagnolo, lo
Spaß; scherzo, lo/
divertimento, il
spät; tardi
später; più tardi/dopo
spazieren gehen; fare una
passeggiata/andare
a spasso
Spiegel; specchio, lo
Spiel; gioco, il
spielen; giocare
spitz; appuntito/a punta
Sport; sport, lo
sportlich; sportivo
Sprache; lingua, la
sprechen; parlare
springen; saltare
spülen; lavare
Stadt; città, la
stark; forte

statt; invece (di)
stattfinden; aver luogo/svolgersi
Stau; ingorgo (del traffico), l'
stehen; stare (in piedi)
stehlen; rubare
Stein; pietra, la/sasso, il
Stelle; posto, il/luogo, il
sterben; morire
Stimme; voce, la
Stoff; stoffa, la/tessuto, il
stören; disturbare
stoßen; urtare (contro)
Strafe; multa, la (Geld~)
Strand; spiaggia, la
Streik; sciopero, lo
Streit; lite, la
Stress; stress, lo
Strom; corrente, la
Stufe; gradino, il/scalino, lo
Stuhl; sedia, la
Stunde; ora, l'
stürzen; piombare (herab~)
suchen; cercare
Süden; sud, il/meridione, il
sympathisch; simpatico

T

Tag; giorno, il
Tante; zia, la
tanzen; ballare
Tasse; tazza, la
Tatsache; (dato di) fatto, il
tausend; mille
Technik; tecnica, la
Teil; parte, la
teilen; dividere
teilnehmen; partecipare
Temperatur; temperatura, la
teuer; caro
tief; profondo
Tier; animale, l'
Tipp; consiglio, il
Tod; morte, la
tot; morto
Tourist; turista, il/la
Tradition; tradizione, la
tragen; portare
transportieren; trasportare
traurig; triste
treffen; incontrare
trennen; separare
Treppe; scala, la
treu; fedele
Türschloss; serratura, la
Tüte; busta, la

U

überqueren; attraversare
übersetzen; tradurre
üblich; usuale
übrig; restante
Uhrzeit; ora, l'
Umgebung; dintorni, i
umsonst; invano/gratis
ungefähr; circa/press'a poco

uns; noi/ci (reflexiv)
unser, -e; nostro, -a, -e, -i
unter; sotto
unterhalten; divertire/intrattenere/conversare (sich ~)
Unterkunft; alloggio, l'
unterscheiden; distinguere
Unterschrift; firma, la

V

Vegetarier; vegetariano, il
verabreden; fissare un appuntamento
verabschieden; accomiatare/congedare
Veränderung; cambiamento, il/modificazione, la
Veranstaltung; manifestazione, la/spettacolo, lo
verantwortlich; responsabile
verboten; vietato/proibito
verbrauchen; consumare
Vergangenheit; passato, il
vergessen; dimenticare
vergleichen; paragonare a/confrontare con
verkaufen; vendere
Verkehr; traffico, il
Verkehrszeichen; cartello stradale, il
verloren; perso/smarrito
vermieten; affittare
versäumen; perdere/mancare (Zug, ...)
verschieden; diverso
verspäten; fare tardi
versprechen; promettere
verstehen; capire/comprendere
versuchen; tentare/provare
verwandt; imparentato
verwenden; utilizzare/usare
Verzeihung; perdono, il
viel; molto/parecchio
vielleicht; forse
Vogel; uccello, l'
Volk; popolo, il
voll; pieno
von; da
vorbei; passato/finito
vorn; davanti (a)
Vorsicht; precauzione/cautela/Attenzione!
Vorteil; vantaggio, il

W

wahr; vero
Wahrheit; verità
Wald; foresta, la/bosco, il
Wand; parete, la/muro, il
wandern; fare delle escursioni
wann; quando
Ware; merce, la

warm; caldo
warten; aspettare
warum; perché
was; (che) cosa?/che
wecken; svegliare
weggehen; partire
weh tun; far male/dolere
weich; morbido
Weihnachten; Natale, il
weit; ampio/vasto/ lontano (da)
welcher,-e,-es; quale
Welt; mondo, il
wenig; poco
wer; chi
werden; diventare
Westen; ovest, l'/ occidente, l'
wichtig; importante
wie; come
wiederholen; ripetere
Wiese; prato, il
Winter; inverno, l'
wir; noi
wissen; sapere
wo; dove
Woche; settimana, la
Wochenende; fine settimana, il
wohnen; abitare
wollen; volere
Wort; parola, la
Wörterbuch; vocabolario, il/dizionario, il
wütend; arrabbiato/ furioso

Z

Zahl; numero, il/ cifra, la
zahlen; pagare
zeigen; indicare/ mostrare
Zeit; tempo, il
Zeitung; giornale, il
zentral; centrale
Zettel; foglietto, il
Ziel; scopo, lo
Zigarette; sigaretta, la
zornig; arrabbiato
zufrieden; soddisfatto
Zuhause; (a) casa
Zukunft; avvenire, l'/ futuro, il
zurück; indietro
zurückkommen; ritornare
zusammen; insieme
Zustand; stato, lo/ condizione, la
zuverlässig; fidato
zweifeln; dubitare

## Italienisch–Deutsch

A

a; pro
a bassa voce; leise
a buon mercato; billig
(a) casa; Zuhause
a lungo; lange
a memoria; auswendig
a punta; spitz
a quattr'occhi; unter vier Augen
a te; dir
a voce alta; laut (sprechen)
abbastanza; genug
abbottonare; zumachen/zuknöpfen
abitante, l'; Einwohner/Bewohner
abitare; wohnen
accadere; geschehen/passieren
accanto a; neben
accendere; anmachen/einschalten
accomiatare; verabschieden
accompagnare; begleiten
accorgersi di; (be-)merken
addormentarsi; einschlafen
adesso; jetzt
adulto, l'; Erwachsener
affidabile; zuverlässig
affilato; scharf (Messer)
affittare vermieten/mieten
affitto, l'; Miete
affrettarsi; sich beeilen
agenzia di viaggi, l'; Reisebüro
aiutare; helfen
aiuto, l'; Hilfe
al contrario; im Gegenteil
al di fuori di; außerhalb
(al/di) solito; üblich
albero, l'; Baum
alcol, l'; Alkohol
alimento, l'; Nahrung
(all') indietro; rückwärts/zurück
all'interno: innen
allegro; froh
allentato; locker
allievo, l'; Schüler
alloggio, l'; Unterkunft
altezza, l'; Höhe
altrettanto; ebenfalls/gleichfalls
altro,-a,-i,-e; anderer,-e,-es
alzare; heben
alzarsi; aufstehen
amare; lieben
amichevole; freundlich
ampio; weit
anche; auch
andar bene; passen
andare (a piedi); gehen
andare (in macchina/in treno); fahren
andare a cavallo; reiten

andare a prendere; (ab-)holen
andare a spasso; spazieren
andare a trovare; besuchen
andare in aereo; fliegen
andare in bicicletta; Rad fahren
animale, l'; Tier
anno, l'; Jahr
annotare; aufschreiben
annuncio, l'; Anzeige
anziano; alt
aperto; offen
apertura, la; Öffnung
apparire; erscheinen
appartenere; gehören
appena; kaum
appetito; Appetit
apprendere; erfahren
appuntito; spitz
aprire; öffnen
aria, l'; Luft
arrabbiato; ärgerlich/wütend
arrivare; ankommen
arrivare in ritardo; sich verspäten
arrostire; braten
ascoltare; hören
aspettare; erwarten/warten
assaggiare; probieren/kosten (Essen)
asse, l'; Brett
assente; abwesend
assestare; regeln (Gerät)
assumersi; tragen (Kosten)
astuto; schlau/listig
attendere; warten
attendibile; zuverlässig
Attenzione!; Vorsicht
attenzione, l'; Achtung/Aufmerksamkeit
attimo; Augenblick/Moment
attività; Tätigkeit
attivo; aktiv
attraversare; überqueren
attuale; aktuell
attualmente; derzeit
Austria, l'; Österreich
austriaco; österreichisch
autentico; echt
autorità, l'; Behörde
autunno, l'; Herbst
avanzato; übrig (geblieben)
aver bisogno di; brauchen
aver freddo; frieren
aver in mente di; vorhaben
aver l'intenzione di; vorhaben
aver luogo; stattfinden
avere; haben/besitzen
avere il permesso di; dürfen
avere l'aria di; aussehen
avere un buon sapore; schmecken
avvenimento, l'; Ereignis

avvenire, l'; Zukunft
avviare; starten (Motor)
avvocato, l'; Rechtsanwalt

B

badare a; achten (auf)
bagnato; nass
balcone, il; Balkon
ballare; tanzen
banca, la; Bank
barca, la; Boot
basso; niedrig
bebè, il; Baby
bello; schön
bicicletta, la; Fahrrad
bigliettino, il; Zettel
biondo; blond
biro, la; Kugelschreiber
borsa, la; Handtasche
bosco, il; Wald
breve; kurz
bruciare; brennen
buco, il; Loch
bugia, la; Lüge
buio; dunkel
bussare; anklopfen
busta, la; Tüte/Kuvert

C

cadere; fallen
calcolare; rechnen/abwägen
calcolatore elettronico, il; Computer
caldo; warm
calma, la; Ruhe
calmo; still/ruhig
cambiamento, il; Veränderung
cambiare; ändern
camion, il; Lastkraftwagen
camminare; (zu Fuß) gehen
candela, la; Kerze
cane, il; Hund
cantare; singen
canzone, la; Lied
capello, il; (Kopf-)Haar
capire; verstehen
capitale, la; Hauptstadt
capo, il; Chef
caramella, la; Bonbon
carino; hübsch/lieb
caro; lieb/teuer
carta, la; Papier
cartello stradale, il; Verkehrszeichen
casa, la; Haus
cassa, la; Kasten
cassetto, il; Schublade
cattivo; schlecht/böse
cauto; vorsichtig
celebre; berühmt
centrale; zentral
centro; Mitte
cercare; suchen
certo; gewiss/sicher
che; was
(che) cosa?; was?

chi; wer
chiamare; rufen/anrufen
chiamata di soccorso, la (113, il); Notruf
chiaro; hell
chiassoso; laut
chiedere; fragen
chiesa, la; Kirche
chiudere; (ab-)schließen
ci; uns (reflexiv)
cibo, il; Essen
cielo, il; Himmel
circa; etwa/ungefähr
città, la; Stadt
civiltà, la; Kultur
collaudare; prüfen
colloquio, il; Gespräch
colore, il; Farbe
colpevole; schuldig
come; wie/sowie
comodo; bequem
completamente; ganz
comprare; kaufen/einkaufen
comprendere; verstehen
comune; üblich
con; mit
con piacere; gern
concordare; abmachen
condizione, la; Zustand
confermare; bestätigen
confidenziale; vertraulich
confrontare con; vergleichen
conoscere; kennen
conosciuto; bekannt
conservare; erhalten
consigliare; beraten
consiglio, il; Tipp
consumare; verbrauchen
contemporaneamente; gleichzeitig
contenitore, il; Behälter
contento; fröhlich
continuare; fortfahren
contrariamente a; im Gegensatz zu
contro; gegen
conversazione, la; Gespräch
coperta, la; Bettdecke
coppia, la; Paar
coraggioso; mutig
corpo, il; Körper
corrente, la; Strom
correre; laufen
corretto; richtig
cortese; höflich
corto; kurz
cosa; Sache
costa, la; Küste/Rippe
costare; kosten
credere; glauben
cucina, la; Küche
cucinare; kochen
cultura, la; Kultur
curioso; neugierig/seltsam

D

d'accordo; einverstanden
d'uso; üblich
da; von
da nessuna parte; nirgends
da qualche parte; irgendwo
danneggiare; beschädigen
dare; geben
dare consigli; beraten
data, la; Datum
(dato di) fatto; Tatsache
davanti (a); vorn(e)
debole; schwach
decidere; entscheiden
decollare; abfliegen
deluso; enttäuscht
dentro; innen/drinnen
denuncia; Anzeige (juristisch)
depositare; absetzen/deponieren
dessert, il; Dessert
destra; rechts
di fronte; gegenüber
di persona; persönlich
(di) più; mehr
di traverso; quer
dietro; hinter
difetto, il; Defekt/Fehler
difficile; schwierig
dimenticare; vergessen
dintorni, i; Umgebung
Dio, il; Gott
dire; sagen
direzione, la; Richtung
dirimpetto; gegenüber
discussione, la; Diskussion
disfare la valigia; auspacken
dispiacere; Leid tun
disturbare; stören
dito, il; Finger
divano, il; Sofa
diventare; werden
diverso; verschieden
divertente; lustig
divertimento, il; Spaß
divertire; amüsieren/unterhalten
dizionario, il; Wörterbuch
dolce, il; Dessert
domanda, la; Frage
donna, la; Frau
dopo; später
dormire; schlafen
dove; wo
dovere; müssen/sollen
dovere, il; Pflicht
dubbio, il; Zweifel
durare; dauern
duro; hart/schwer

E

è; ist
eccellente; ausgezeichnet
eccezione, l'; Ausnahme
economico; billig
egli; er
ente, l'; Behörde

entrare; eintreten
errore l'; Fehler
esaminare; prüfen
esatto; richtig
esempio, l'; Beispiel
esigere qc da qn; fordern
esortare a; auffordern
essere seduto; sitzen
esso; es
est, l'; Osten
estate, l'; Sommer
esteriormente; äußerlich
estero, l'; Ausland
evento, l'; Ereignis
ex-; ehemalig

F

faccia, la; Gesicht
facile; leicht
falso; falsch
fame, la; Hunger
familiari, i; Angehörige
famoso; berühmt
far comodo; gelegen kommen
far fare; lassen/veranlassen
far footing; laufen
far male; weh tun
far vedere; zeigen
fare; tun/machen
fare calcoli; rechnen
fare delle escursioni; wandern
fare i conti; rechnen
fare il bagno; baden
fare in fretta; beeilen
fare la spesa; einkaufen
fare progetti; planen
fare tardi; sich verspäten
fare una foto a qn; fotografieren
farmacia, la; Apotheke
farsi la barba; rasieren
favorevole; günstig/dafür
fedele; treu
felice; glücklich
felice; froh
felicità; Glück
ferie, le; Ferien
fermare; anhalten
festa; Feier
festeggiare; feiern
fianco; Seite
fidarsi di; trauen
fine settimana, il; Wochenende
fine, la; Ende/Schluss
finito; vorbei (zeitlich)
finto; falsch/unecht
fiore, il; Blume
fiorire; blühen
firma, la; Unterschrift
fissare un appuntamento; verabreden
fitto; dicht
fiume, il; Fluss
folto; dicht

forbici, le; Schere
foresta, la; Wald
forno, il; Ofen
forse; vielleicht
forte; stark/laut/scharf
fortuna, la; Glück
fortunato; glücklich
forza!; schnell!
fotografare qn; fotografieren
fra; zwischen
fra poco; bald
freddo; kalt
frequente; häufig
friggere; braten
frutta, la; Obst
fulmine, il; Blitz
fumare; rauchen
fuoco; Feuer
fuori; draußen/außen
furbo; klug
furioso; wütend
futuro, il; Zukunft

G

gamba, la; Bein
gatto, il; Katze
generi alimentari, i; Lebensmittel
genitori, i; Eltern
gentile; freundlich/nett
genuino; echt
Germania, la; Deutschland
già; bereits/ehemalig
giacché; denn
giacere; liegen
giardino, il; Garten
giocare; spielen
gioco, il; Spiel
gioia, la; Freude
giornale, il; Zeitung
giorno, il; Tag
giovane; jung
girare; abbiegen
gite a piedi; Wanderungen
giusto; richtig/recht
governare; regieren
governo, il; Regierung
gradino, il; Stufe
grasso; dick
gratis; umsonst
gratitudine, la; Dank
grato; dankbar
grave; schlimm
gridare; schreien
gruppo, il; Gruppe
guardare; (an-)schauen/betrachten
guardare la TV (la televisione); fernsehen
guasto; kaputt
guidare; lenken (Auto)

I

i miei, le mie; mein, -e (Plural)
identico; gleich
il; der

il mio, la mia; mein, -e (Singular)
il prossimo, la prossima; nächster, -e, -es
immediatamente; sofort
immondizia, la; Müll
imparare; lernen
imparentato; verwandt
impiegato, l'; Angestellter
importante; wichtig
(in) alto; hoch
(in) basso; tief
in cima; oben
in contanti; bar
in fretta; schnell
in giro; unterwegs
in mezzo a; zwischen
(in) pubblico; öffentlich
in testa (di) ; vorn(e)
in tutto; insgesamt/ zusammen
in viaggio; unterwegs
in voga; beliebt
inclinato; schief
incontrare; treffen
incrocio, l'; Kreuzung
indicare; zeigen
industria, l'; Industrie
informazione, l'; Auskunft
ingorgo (del traffico), l'; Stau
iniziare; anfangen
inizio, l'; Beginn
insegnante, l'; Lehrer
inserzione, l'; Anzeige
insieme; zusammen
insultare; schimpfen
intasamento; Stau
intelligente; intelligent
interessante; interessant
interessarsi a; interessieren
interruttore, l'; Schalter (Elektronik)
intrattenere; unterhalten
invano; umsonst
invece; dagegen/statt
inverno, l'; Winter
invitare; einladen/ auffordern
io; ich
irritato; zornig
iscrizione, l'; Anmeldung
isola, la; Insel
Italia, l'; Italien
italiano; italienisch

## L

l'altro giorno; neulich
la stessa, lo stesso; gleiche,-er,-es
ladro, il; Dieb
lamentarsi; klagen
lampada, la; Lampe
largo; breit
lasciare; lassen
lato, il; Seite
lavare; waschen

lavare i piatti; das Geschirr spülen
lavorare; arbeiten
le Ferrovie Italiane; italienische Staatsbahn
leggere; lesen
leggero; leicht
lei; sie
lentamente; langsam
lento; langsam/locker (Schraube)
lettera, la; Buchstabe/Brief
letteratura, la; Literatur
libero; frei
libertà, la; Freiheit
libreria; Bücherregal/Buchhandlung
libro, il; Buch
lieto; froh
lingua, la; Sprache/Zunge
lingua straniera, la; Fremdsprache
lite, la; Streit
litorale, il; Küste
litro, il; Liter
lontano (da); weit
luce, la; Licht
lucido; glänzend
lui; er
luna, la; Mond
lungo; lang
luogo, il; Stelle/Platz

## M

ma; aber
ma sì; doch (ja, doch!)
madrelingua, la; Muttersprache
magro; dünn
malato; krank
male; schlecht (Adverb)
malfermo; locker
malinteso, il; Missverständnis
mancare; fehlen/versäumen
mangiare; essen
manifestazione, la; Veranstaltung
mantenere; erhalten
marcio (frutta); faul
mare, il; Meer
mattina, la/mattino, il; Morgen
meditare (su); nachdenken
meglio; besser
memorizzare; merken
mentire; lügen
mercato, il; Markt
merce, la; Ware
meridione, il; Süden
mese, il; Monat
meta, la; Ziel
metà, la; Mitte/Hälfte
mettere; anziehen/stellen/setzen
mezzanotte, la; Mitternacht

mezzo; halb
mezzogiorno, il; Mittag
mille; tausend
minuto, il; Minute
modificare; ändern
modificazione, la; Veränderung
molto; sehr/viel
(molto) caldo; (sehr) heiß
molto tempo; lange
momento, il; Moment
mondo, il; Welt
monte, il; Berg
morbido; weich
morire; sterben
morte, la; Tod
morto; tot
mostrare; zeigen
motivo, il; Grund
multa, la; Geldstrafe
muovere; bewegen
muro, il; Wand

N

Natale, il; Weihnachten
natura, la; Natur
naturale, naturalmente; natürlich
necessario; nötig/notwendig
necessitare; brauchen
nello stesso tempo; gleichzeitig
neonato, -a, il/la; Baby
nervoso; nervös
nessuno, -a; niemand/kein, -e, -er
niente; nichts
noi; wir/uns
noioso; langweilig
noleggiare; mieten
noleggio, il; Miete
non; nicht
nonna, la; Großmutter
nonno, il; Großvater
nord, il; Norden
normale; normal
nostro, -a, -e, -i; unser, -e
noto; bekannt
notte, la; Nacht
nudo; nackt
numero, il; Zahl
nuotare; schwimmen
nutrimento, il; Nahrung

O

o; oder
obiettivo, l'; Ziel
obliquo; schief
occasione, l'; Gelegenheit
occidente, l'; Westen
occupazione, l'; Tätigkeit
offerta, l'; Angebot
offrire; (an-)bieten
oggetto, l'; Gegenstand
ogni; jeder, -e, -es
ombrello, l'; Regenschirm
opinione, l'; Meinung

opportunità, la; Gelegenheit/Chance
oppure; oder
ora, (l'); jetzt/Stunde/Uhrzeit
ordinato; ordentlich
ordine, l'; Auftrag/Reihenfolge
oriente, l'; Osten
ospedale, l'; Krankenhaus
osteria, l'; Gasthaus
ovest, l'; Westen

P

padrone, il; Chef
paese, il; Land/Dorf
pagare; zahlen
pagina, la; Buchseite
palla, la/pallone, il; Ball
paragonare a; vergleichen
parenti, i; Angehörige
parere, il; Meinung
parete, la; Wand
parlare; reden/sprechen
parola, la; Wort
parte, la; Teil
partecipare; teilnehmen
partire; abfahren/abreisen/weggehen
Pasqua, la; Ostern
passare; verbringen/passieren
passato, il; Vergangenheit/vorbei
paura, la; Angst
pavimento, il; Boden
pc, il; Computer
peccato; schade
pelo, il; Haar
penna a sfera, la; Kugelschreiber
pensare; denken
pensiero, il; Gedanke
pensione, la; Pension
per; für/dafür
per quanto; so viel
per strada; unterwegs
per/ad esempio; zum Beispiel
perché; warum
perdere; versäumen/verlieren
perdono, il; Verzeihung
perfino; selbst/sogar
pericolo, il; Gefahr
pericoloso; gefährlich
permettere; erlauben
pernottare; übernachten
perso; verloren
persona, la; Person
personalmente; persönlich
pesante; schwer (Gewicht)
petto, il; Brust
piacere; gefallen
piangere; weinen
piano; leise/flach/Plan
pianta, la; Pflanze/Stadtplan

piatto, il; Teller
piccante; scharf
piede, il; Fuß
pieno; voll
pietra, la; Stein
pigro; faul (Person)
piombare; (herab-)stürzen
più tardi; später
poco; wenig
poiché; denn
poltrona, la; Sessel
pomeriggio, il; Nachmittag
popolare; beliebt
popolazione, la; Bevölkerung
popolo, il; Volk
porre; stellen/(hin-)setzen
portafoglio, il; Brieftasche
portare; bringen/tragen
portare via (con sé); mitnehmen
porzione, la; Portion
posizione, la; Lage
possedere; besitzen
possibilità, la; Möglichkeit
posto, il; Stelle/Ort
potere; dürfen/können
povero; arm
pratico; praktisch
prato, il; Wiese
precauzione; Vorsicht
precipitare; abstürzen
pregare; bitten/beten
prendere; nehmen
prendere nota; aufschreiben
prenotare; buchen
preoccupazione, la; Sorge
press'a poco; ungefähr
pressoché; fast
presto; bald/schnell
pretendere; fordern
prima; zuerst
primo, -a; erster, -e, -es
principale; Haupt-
privato; privat
problema, il; Problem
professione, la; Beruf
profondo; tief
progettare; planen
progetto, il; Plan
proibito; verboten
promettere; versprechen
pronto; fertig
propizio; günstig
proprio,-a; eigener, -e, es
proseguire; fortfahren
provare; fühlen/versuchen/probieren
prudente; vorsichtig
prudenza, la; Vorsicht
pulire; reinigen/putzen
pulito; sauber
puntuale; pünktlich
purtroppo; leider

Q

qualche volta; manchmal
qualcuno, -a; jemand
quale; welcher,-e,-es
quando; wann
quanto; wie viel/so viel
quasi; fast
questo,-a; dieser, -e, es
qui; hier
quiete, la; Ruhe
quieto; still/ruhig
quota, la; Teil/Anteil

R

raccontare; erzählen
radio, la; Radio
raffreddore, il; Schnupfen
ragione, la; Grund
rallegrarsi; freuen
rapido(-amente); schnell
rapporto, il; Bericht
raramente/raro; selten
reagire; reagieren
recapitare; zustellen (Brief)
recentemente; neulich
regalare; schenken
registrazione, la; Anmeldung
regola, la; Regel
regolare; regeln
relazione, la; Beziehung
rendere; machen
residuo, il; Rest/Überschuss
responsabile; verantwortlich
restante; übrig/bleibend
resto, il; Rest
retto; recht (Winkel)
ricco; reich
ricevere; bekommen/erhalten
ricevuta, la; Quittung
richiedere; beantragen
richiesta, la; Anfrage
ricordare; erinnern/merken
ridere; lachen
rientrare; zurückkommen
rifiutare; ablehnen
rifiuti, i; Müll
riflettere; nachdenken
riguardo, il; Rücksicht
rimanere; bleiben
rincrescere; Leid tun/bedauern
ringraziare; danken
ripetere; wiederholen
riposarsi; ausruhen
risposta, la; Antwort
(ri)tenere; behalten
ritornare; zurückkommen/zurückgehen
riuscire a; gelingen
rompere; brechen
(ro)tondo; rund
rotto; kaputt
rovesciare; verschütten
rozzo; rau/grob

rubare; stehlen
rumore, il; Lärm
rumoroso; laut
ruscello, il; Bach

S

sala da bagno, la; Badezimmer
sala da pranzo, la; Esszimmer
salire su; einsteigen
saltare; springen
salutare; grüßen/ begrüßen
salvare; retten
sanguinare; bluten
sano; gesund
sapere; wissen
sasso, il; Stein
sazio; satt
sbagliato; falsch
sbandare; schleudern (Auto)
sbrigati!; beeil dich!
scaffale, lo; Regal
scala, la; Treppe
scegliere; (aus)wählen
scendere da; aussteigen
scherzo, lo; Spaß
sci, lo; Ski
sciopero, lo; Streik
scomparso; verschwunden
sconosciuto; fremd/ unbekannt
scoprire; entdecken
scorrere; fließen
scrivere; (auf-)schreiben
scuola, la; Schule
sdegnato; empört
sé; sich
secondo, -a; zweiter,-e,-es
sedersi; sich hinsetzen
sedia, la; Stuhl
segreto; geheim
semaforo, il; Ampel
semplice; leicht/einfach
sempre; immer
seno, il; Brust/Busen
sentire; fühlen/hören/ spüren
senza; ohne
separare; trennen
sera, la; Abend
serratura, la; Türschloss
servire; bedienen
sete, la; Durst
settentrione, il; Norden
settimana, la; Woche
sguardo, lo; Blick
si; man
sì; doch (ja, doch!)
sicuro; gewiss/sicher
sigaretta, la; Zigarette
significare; bedeuten
signora, la; Dame/Frau (Anrede)
signore, il; Herr (Anrede)/Gott

silenzioso; still
simile; ähnlich
simpatico; nett/ sympathisch
singolarmente; einzeln
sistemare; regeln (Angelegenheit)
situazione, la; Lage
slitta, la; Schlitten
smettere; aufhören
snello; schlank
soffiata, la; Tipp
soffitto, il; Zimmerdecke
soggiorno, il; Aufenthalt
sognare; träumen
sogno, il; Traum
sole, il; Sonne
sollevare; heben
solo; allein
sopra; oben
sottile; dünn/schmal
sotto; unter
sottosopra; durcheinander
Spagna, la; Spanien
spagnolo; spanisch
spaventare; erschrecken
specchio, lo; Spiegel
spedizione, la; Sendung
spegnere; ausschalten
sperare; hoffen
speriamo che; hoffentlich
spesso; oft/häufig
spettacolo, lo; Veranstaltung (Theater)
spiaggia, la; Strand
spiegare; erklären
spingere; schieben
sporco; schmutzig
sport, lo; Sport
sportello, lo; Schalter
sportina, la; Tüte
sportivo; sportlich
squillare (il telefono); klingeln
stagione, la; Saison
stanco; müde
stare (in piedi); stehen
stare in silenzio; schweigen
stesso; selbst
stoffa, la; Stoff
storto; schief
stoviglie, le; Geschirr
strada a senso unico, la; Einbahnstraße
strada facendo; unterwegs
straniero, lo; Ausländer/ Fremder
strano; seltsam
stress, lo; Stress
stretto; eng/schmal
su; oben
subito; sofort
succedere; geschehen/passieren
sud, il; Süden
(sud)dividere; teilen
suo, sua; sein, -e

suonare (alla porta); läuten
svantaggio, lo; Nachteil
svegliare; wecken
svegliarsi; aufwachen
Svizzera, la; Schweiz
svizzero; schweizerisch
svolgersi; stattfinden
svoltare (a destra/ a sinistra); abbiegen (nach rechts/nach links)

T

tacere; schweigen
tagliare; schneiden
talvolta; manchmal
tanto; sehr
tanto ... quanto; sowohl ... als auch
tardi; spät
tazza, la; Tasse
tecnica, la; Technik
tedesca,-o; Deutsche, -er
tedesco; deutsch
telefonare (a qn); (jemanden) anrufen
temere; fürchten
temperatura, la; Temperatur
tempo, il; Zeit
tener conto di; beachten
tenere; halten
tentare; versuchen
terra, la; Land/Erde
terribile; schrecklich
terzo,-a; dritter, -e, -es
tessuto, il; Stoff
tetto, il; Dach
ti; dir
toccare; berühren
togliersi; ausziehen
totale; insgesamt/ zusammen
tra; zwischen
traballante; locker/wackelig
tradizione, la; Tradition
tradurre; übersetzen
traffico, il; Verkehr
tranquillità, la; Ruhe
transitare; passieren/ befahren
trascorrere; verbringen
trasmissione (TV), la; Sendung
trasportare; transportieren
trasporto, il; Transport
trattoria, la; Gasthaus
treno, il; Bahn
triste; traurig
trovare; finden
tu; du
tuo,-a, dein, -e (Singular)
tuoi, tue; dein, -e (Plural)
turbato; zornig
turista, il/la; Tourist
tutto,-a; jeder/jede (Singular)
tutti, -e; jeder/jede (Plural)

U

ubriaco; betrunken
uccello, l'; Vogel
udire; hören
ufficio, l'; Büro
uguale; gleich
ultimo, -a; letzter, -e, -es
umido; feucht
un paio; ein paar
un po'/un poco; ein bisschen
uno,-a; ein, -e, -es
uomo, l'; Mensch/Mann
urgente; dringend
urlare; schreien
urtare (contro); stoßen
usare; verbrauchen/verwenden/benutzen
uscire; ausgehen/hinausgehen
utilizzare; benutzen/verwenden

V

vacanze, le; Ferien
vantaggio, il; Vorteil
variopinto; bunt
vecchio; alt
vedere; sehen/erleben
vegetariano, il; Vegetarier
veloce(mente); schnell
vendere; verkaufen
venire; kommen
venire a sapere; erfahren
venire con; mitkommen
verificare; prüfen
verità, la; Wahrheit
vero; wahr
versare; einschenken/eingießen
verso; gegen
vicino (a); nah(e)
vietato; verboten
villaggio, il; Dorf
vincere; gewinnen
visitare; besuchen/besichtigen
viso, il; Gesicht
vita, la; Leben
vivere; leben/erleben
vivo, -a; lebendig
vocabolo, il; Vokabel
voce, la; Stimme
voi; ihr/euch
volare; fliegen
volentieri; gern
voler bene a qn; jemanden mögen/gern haben
volere; wollen
vostro,-a,-i,-e; euer, eure
vuoto; leer

Z

zia, la; Tante
zio, lo; Onkel